CWLWM SERCH

addaswyd o sgriptiau gwreiddiol
y gyfres deledu gan

ELERI LLEWELYN MORRIS

HUGHES

Argraffiad cyntaf: Ionawr 1995

ISBN 0 85284 177 9

Seiliwyd y straeon hyn ar sgriptiau gwreiddiol *Cwlwm Serch*,
cyfres deledu a gynhyrchwyd ar y cyd gan Ffilmiau Llifon
a'r BBC ar gyfer S4C a'r BBC.

Dymuna'r Cyhoeddwr gydnabod cymorth
Adrannau'r Cyngor Llyfrau Cymraeg.

Cysodwyd y llyfr hwn mewn Plantin 11/14.

Cyhoeddwyd gan Hughes a'i Fab,
Parc Tŷ Glas, Llanisien, Caerdydd CF4 5DU

Cysodwyd ac argraffwyd gan Wasg Dinefwr,
Heol Rawlings, Llandybïe, Dyfed SA18 3YD

CYNNWYS

CARIAD CYNTAF

Roedd hi'n bwrw. Rasiai diferion bach o law ei gilydd i lawr ffenest y trên, un ar ôl y llall, yn ddiddiwedd. Y tu ôl iddyn nhw, yn cuddio pob arlliw o'r wlad o gwmpas, roedd wal dew o niwl. Am ddechrau da i wythnos o wyliau ar lan y môr, meddyliodd Mali.

Mewn ffordd, roedd hi'n falch. Efallai, rŵan, y byddai ei mam yn derbyn mai hi oedd yn iawn ar hyd yr adeg pan ddywedodd hi y byddai'n well o'r hanner iddyn nhw fynd i Sbaen ar eu gwyliau. Yno, roedd rhywun yn sicr o gael haul ond yma, yng Nghymru, roedd y tywydd mor chwit-chwat! Ac ar wahân i hynny, fedrai hi feddwl am ddim gwaeth na mynd yn ôl i'r un hen garafán, yn yr un hen le, yn llawn o'r un hen wynebau. Roedd hi wedi dadlau ac wedi crefu, wedi ffraeo ac wedi pwdu ond, fel arfer, ei mam oedd wedi cael ei ffordd yn y pen draw.

Roedd Mali wedi cael llond bol ar Abermarl y llynedd. Pedair ar ddeg oed oedd hi bryd hynny ac, am y tro cyntaf, roedd hi wedi teimlo allan ohoni braidd yn chwarae efo Iolo, ei brawd bach, a'r plant eraill ar y traeth. Eleni, roedd hi'n bymtheg oed; yn ferch ifanc, a'r peth diwethaf oedd ar ei meddwl oedd cadw reiat efo Iolo a'i ffrindiau. Os oedd y llynedd yn ddiflas, roedd eleni yn siŵr o fod yn saith gwaeth.

Roedd ei thad hi efo nhw y llynedd hefyd. Ond yn ystod y flwyddyn a aeth heibio, roedd rhieni Mali wedi gwahanu a hwn oedd y gwyliau cyntaf iddyn nhw ei gael fel teulu hebddo fo. Roedd Mali wedi gobeithio y byddai ei mam eisiau mynd i rywle hollol wahanol; i rywle dieithr lle na fyddai pobol roedd hi'n eu hadnabod yn holi ac yn bus-nesu – ond na, mynd yn ôl i'r pentref glan y môr lle buon nhw'n treulio'u gwyliau haf ers blynyddoedd oedd ei dewis hi! Allai Mali ddim deall pam – oni bai ei bod wedi pen-derfynu mynd yno rhag siomi Iolo.

Edrychodd ar ei brawd bach yn darllen un o'r comics a brynodd ei fam iddo yn yr orsaf cyn cychwyn, ac yn cnoi fferins yn brysur nes bod ei wyneb yn bob siâp dan y ffrinj bach brown. Yn ystod ei naw mlynedd ar y ddaear, roedd y plentyn yna wedi perffeithio'r grefft o droi ei fam o gwm-pas ei fys bach!

Sylwodd ar un o'i ddwylo bach budron o'n troi tudalen y comic. Roedd yn syndod sut roedd Iolo'n llwyddo i ofalu na fyddai ei ddwylo byth yn lân. 'Mali, ma' jôcs da man 'yn,' meddai, a theimlodd Mali fel griddfan. Roedd y reid yma ar y trên drwy'r glaw yn ddigon diflas heb i Iolo ddechrau ar ei jôcs!

'Iawn 'te, Mali,' meddai'n eiddgar, '*Why did the bus stop?*'

'Am fod rhywun moyn mynd lawr?' cynigiodd Mali'n ddi-fflach.

'Na! *Because it saw the zebra crossing!*' chwarddodd Iolo'n uchel. Chwarddodd eu mam hefyd, a rhoddodd Mali wên fach wan.

'Un arall nawr 'te. *What clothes do lawyers wear in court?*'

'Sa i'n gwbod,' atebodd Mali, yn hollol ddiamynedd. 'Beth?'

Bu Iolo'n dawel am eiliad. Yna meddai: '*Lawsuits,*' a

thôn ei lais yn awgrymu'n gryf nad oedd o wedi deall y jôc ei hun.

'O, mae hon yn jôc well. *What vegetable plays snooker*, Mali?'

Yn sydyn, cafodd Mali ddigon. 'O gad fi fod, Iolo,' meddai'n flin. 'Sa i moyn clywed dy hen jôcs twp di, reit? Cau dy ben.'

Yr un mor sydyn, trodd ei mam arni hithau. 'Mali! Beth sy'n bod 'da ti?' gofynnodd. 'Rwyt ti wedi ishte'n y sedd 'na'r holl ffordd yn edrych mas drwy'r ffenest 'da wyneb hir fel ffidil a heb air i'w weud wrth neb. A nawr mae Iolo druan yn ceisio codi'n c'lonne ni 'da'i jôcs, ma'n rhaid i ti gal bod yn gas 'da fe! Nawr gwranda arna i, gwd girl: sa i'n cymryd dim o'r nonsens 'ma 'da ti tra ŷn ni'n Abermarl ar ein gwylie. Wy *angen* y gwylie hyn; mae Iolo wedi bod yn edrych mlân ers amser maith, a dwyt *ti* ddim yn mynd i ddifetha popeth i ni ... ti'n deall?'

Feiddiodd Mali ddim ateb yn ôl. Roedd hi'n adnabod ei mam yn dda a gwyddai pryd y gallai ffraeo efo hi a phryd i beidio. Amser i beidio oedd hwn. Er y byddai'n rhoi llond ceg iddi weithiau yng nghanol ffrae, ei mam hi oedd y bòs o hyd yn y bôn.

Ond os oedd Mali wedi ildio, y tu mewn roedd hi'n fflamio! Gyferbyn â hi ar y trên, eisteddai gwraig ddieithr: rhywun nad oedd hi erioed wedi ei gweld o'r blaen, nac yn debygol o'i gweld eto, byth. Er hynny, fedrai Mali ddim peidio â theimlo cywilydd mawr bod y wraig yma wedi ei gweld hi, yn bymtheg oed, yn cael row fel'na gan ei mam. Dyna oedd y drwg efo'i mam: roedd hi'n dal i'w thrin hi fel plentyn, a doedd dim modd rhoi ar ddeall iddi ei bod yn ferch ifanc erbyn hyn.

Trodd Mali'n ôl at y ffenest, wedi'i brifo a'i gwylltio ac, er mawr gywilydd iddi, y peth nesaf wyddai hi oedd bod dagrau'n llifo i lawr ei gruddiau, yn union fel roedd y diferion glaw yn llifo i lawr ffenest y trên. Edrychodd hi ddim ar ei mam wedyn – heb sôn am dorri gair efo hi – ac felly, mewn tymer fel y tywydd, y cyrhaeddodd hi orsaf Abermarl.

Allan i'r glaw â nhw a chwilio'r niwl am dacsi. Ymddangosodd rhai o rywle, ond er i fam Mali chwifio'i gorau bachodd pobol eraill nhw o'i blaen; wnaeth hynny ddim gwella hwyliau Mali na'i mam! Erbyn iddyn nhw gael tacsi, roedden nhw'n wlyb ac yn ddiflas ac wnaeth sgwrs y gyrrwr ond gwneud pethau'n waeth.

''Dach chi wedi dewis dwrnod glyb iawn i gyrradd,' meddai, 'er ma'r ha 'ma i gyd wedi bod yn wlyb ran hynny. 'Chi be, yr unig dro i mi weld haul eleni oedd ar fy ngwylia yn Benidorm dair wsnos yn ôl. Ond adra'n fama? Dim byd ond glaw! A tydy hi ddim yn gaddo tywydd da iawn yma yr wsnos nesa 'ma chwaith!'

Am galondid, meddyliodd Mali a'i mam yn ddistaw bach, er na ddywedodd yr un o'r ddwy air wrth ei gilydd. Yr unig un o'r tri mewn hwyliau da oedd Iolo, ac roedd ei frwdfrydedd dros fod yn ôl yn Abermarl yn mynd ar nerfau ei chwaer. Aeth dan ei chroen yn fwy byth pan waeddodd 'Hwrê!' wrth weld y garafán.

Cerddodd y tri ati ar draws y glaswellt nes bod eu traed yn socian. Sgleiniai'n wlyb fel rhyw hen forfil mawr drwy'r niwl. Ac er bod Mali'n falch o gael mynd o'r glaw, roedd y tu mewn i'r garafán yn oer ac yn ddigysur, ac roedd rhyw hen deimlad gwag, rhyfedd ei llond hi. Roedd iddi ryw hen arogl digon od hefyd! Rhoddai Mali'r byd am gael bod ymhell o'r lle.

'Cerwch i ddadbacio nawr, blant,' meddai eu mam, 'a helpa Iolo, Mali – er mwyn i chi gael dillad sych i newid iddyn nhw. Fe wnaf inne gynne'r stôf a gwneud diodydd twym i ni.'

Yn araf y pasiodd y noson i Mali. Roedd y tywydd yn rhy wael i neb feddwl am fynd allan i chwarae nac am dro. Felly, ar ôl swper, dyna setlo i chwarae gêmau cardiau a'r awyrgylch rhwng Mali a'i mam yn gwaethygu wrth i'w mam gau ei llygaid ar dwyllo Iolo. Bu'n rhaid i Mali frathu ei thafod dro ar ôl tro.

O'r diwedd, cafodd ddianc i'w gwely. Gorweddodd am hir yn y tywyllwch, yn gwrando ar y glaw. Gwylio glaw a gwrando ar y glaw: dyna wyliau, meddyliodd. Yna aeth i gysgu a breuddwydio bod y gyrrwr tacsi yn mynd â hi yn ei gar i Benidorm yn Sbaen.

Pan ddihunodd hi fore trannoeth, roedd y glaw wedi peidio er bod cymylau lond yr awyr. 'Grêt, Mali!' meddai Iolo, 'mae hi'n ddigon braf i ni fynd mas i whare heddi. Ti'n dod?' Buasai Mali wedi protestio, ond roedd un cip ar wyneb ei mam yn ddigon i'w thawelu. Dilynodd Iolo allan heb ddweud yr un gair.

Cerddodd y ddau at lain o dir agored yng nghanol y maes carafannau lle byddai'r plant yn ymgynnull – a dyna lle'r oedd y rhan fwyaf o'r criw a fu'n dod yno efo'u rhieni, fel hwythau, haf ar ôl haf. Ymunodd Iolo yn eu gêm ond safodd Mali o'r neilltu; roedd hi'n ddigon pell o olwg ei mam yn y fan hyn!

Edrychodd arnyn nhw'n chwarae. Roedd hi wedi hen ffarwelio â'i phlentyndod, ond roedd y lleill i gyd fel pe baen nhw wedi aros yn eu hunfan ers blwyddyn. Ond yna, fe sylwodd ar *un* oedd wedi newid llawn cymaint â hithau:

bachgen tal efo gwallt cringoch. 'Gari?' meddai'n dawel wrthi ei hun. Roedd o mor drwsgwl a di-lun yr adeg yma y llynedd – ond rŵan ...! Roedd o'n sgleinio drwy ddiflastod y gwyliau 'ma fel llygedyn o haul.

❧

Yr oedd Mali'n adnabod Gari ers iddo ddechrau dod i Abermarl gyntaf erioed ar ei wyliau efo'i rieni – a bellach roedd wyth mlynedd ers hynny. Ond doedd hi ddim wedi cael rhyw lawer iawn i'w wneud efo fo o'r blaen, na rheswm i feddwl amdano fo. Yn wir, ychydig iawn o'i hanes o a wyddai hi. Gwyddai ei fod yn unig blentyn a rhyw flwyddyn yn hŷn na hi: dyna i gyd.

Ond heddiw, roedd hi'n methu peidio ag edrych arno fo, a phan sylwodd arno fo'n edrych yn ôl arni hi, aeth i deimlo'n wirion o hapus. Fedrai hi ddim cofio teimlo mor falch am unrhyw beth ers hydoedd, er iddi geisio'i gorau i fod yn cŵl.

'Mali!' gwaeddodd rhywun o ganol y criw oedd yn chwarae. 'Ty'd am gêm.' Taflu pêl i'w gilydd oedden nhw ac roedd pwy bynnag oedd yn methu â'i dal hi allan tan y gêm nesaf. Ymunodd Mali, a phan sylwodd mai iddi hi roedd Gari'n taflu'r bêl bob tro aeth i deimlo'n hapusach byth. Y drydedd waith iddo fo daflu'r bêl iddi hi, edrychodd arno a gwenu. Teimlodd ei phenliniau'n bygwth rhoi oddi tani pan wenodd o arni hi'n ôl.

Yn rhy fuan o lawer, roedd hi'n amser cinio. Dechreuodd rhai o'r mamau alw ar eu plant i ddod i'r carafannau i fwyta ac felly daeth y gêm i ben. Cerddodd Mali draw yn araf efo Iolo er bod ei thraed hi'n gyndyn o adael. Trodd i gael cip arall ar Gari a chafodd ei phlesio o weld ei fod yntau wedi troi i edrych arni hi. Gwenodd y ddau ar ei gilydd cyn mynd.

Doedd yr hen garafán ddim i'w gweld hanner cyn waethed pan aeth Mali a Iolo'n ôl iddi. Penderfynodd Mali fod y teimlad gwag a'r arogl od wedi mynd. Doedd ei mam ddim mor anodd gwneud efo hi chwaith a, chwarae teg iddi, roedd hi wedi gwneud un o'i ffefrynnau hi, *Chicken Kievs* bach, i ginio.

'Beth ŷch chi moyn wneud y pnawn 'ma 'te, blant?' gofynnodd fel roedden nhw'n cael iogwrt i bwdin. Fel arfer, byddai clywed ei mam yn cyfarch Iolo a hithau fel 'plant' yn dân ar groen Mali, ond y tro hwn derbyniodd y peth yn raslon. Ar y funud roedd yn ei chael hi'n anodd i deimlo'n flin am ddim byd.

'Wel, beth am fynd lawr i'r traeth?' cynigiodd yn hynaws. Roedd hi wedi clywed rhai o'r plant yn sôn am fynd i'r traeth ar ôl cinio, a thra oedd hi'n bwyta roedd hi wedi dod i'r casgliad mai dyna oedd y lle mwyaf tebygol o gael hyd i Gari yn y pnawn.

'O, sa i'n gwbod,' atebodd ei mam. 'Dyw hi ddim yn dywydd traeth heddi, ody hi? Falle bydde'n well i ni fynd am dro?'

'O, Mam, fi moyn mynd i'r traeth!' meddai Iolo. 'Mae Alun a'r lleill i gyd yn mynd 'na, on'd ŷn nhw, Mali? Sa i moyn mynd am dro.'

'O wel, os ŷch chi'ch *dou*'n moyn mynd i'r traeth, man a man i ni fynd i'r traeth 'te!' atebodd eu mam. Roedd Mali'n sicr nad y ffaith eu bod ill *dau* eisiau mynd i'r traeth a barodd iddi newid ei meddwl, ond y ffaith bod *Iolo* eisiau mynd! Fel arfer, byddai hynny'n ei gwylltio ond maddeuai iddi am y tro. Erbyn meddwl, roedd brawd bach yn medru bod yn beth digon handi ar adegau: oni bai amdano fo, roedd yn beryg mai cerdded ar hyd rhyw hen lwybrau cyhoeddus efo'i mam y byddai hi'r pnawn hwnnw yn hytrach na chael cyfle i weld Gari ar y traeth.

O leiaf, roedd ei mam yn iawn ynglŷn ag un peth: doedd hi *ddim* yn dywydd glan y môr! Er hynny, roedd y mwyafrif o breswylwyr y carafannau wedi mentro ar y traeth, yn benderfynol o wneud y gorau o'u gwyliau, haul neu beidio, a dyna lle'r oedden nhw'n rhynnu a'u crwyn yn araf droi'n biws, nid brown!

Yn anffodus, meddyliodd Mali, roedd Gari'n gallach! Er bod llawer o'r plant a fu'n chwarae pêl efo nhw yn ystod y bore yno efo'u teuluoedd, doedd 'na ddim golwg ohono fo ar y traeth. Cyn gynted ag y cafodd gyfle, aeth am dro ar ei phen ei hun at y creigiau, er mwyn cael llonydd i freuddwydio amdano fo. Meddyliodd am yr adegau yr oedd o wedi edrych neu wenu arni, a'u 'chwarae' drosodd a throsodd yn ei meddwl fel hoff rannau o fideo yr oedd hi pan glywodd sŵn rhywun yn dod ar ei hôl.

Trodd, a dyna lle'r oedd o: Gari. Neidiodd Mali o'i weld o.

'O sori, ddychrynis i chdi?' gofynnodd. 'Mi o'n i jest yn mynd draw ffordd hyn am dro. Trio cadw'n gynnas. Mae'n sobor o oer yma, yn tydy? Dwn i ddim pwy ond ffyliad fydda'n dŵad am wylia i'r fath le. Mi fuos i'n trio perswadio Mam a Dad i fynd i Sbaen eleni – ond heb lwc. Thâl nunlla ond fama gynnyn nhw.'

'O, ti hefyd?' meddai Mali gan chwerthin. 'Bues *i*'n ceisio cael Mam i fynd i Sbaen 'ed, ond roedd hithe'n mynnu dod i Abermarl.'

Dechreuodd y ddau gydgerdded gan fwynhau lladd ar Abermarl am y gorau er, mewn gwirionedd, roedd y lle wedi gwella cryn dipyn i Mali ers iddi ei weld o ychydig oriau'n ôl! I feddwl ei fod o wedi mynd yn gymaint o bishyn, meddyliodd, wrth gerdded wrth ei ochor, *a*'i fod o'n berson mor neis hefyd.

Ar ôl bod wrthi am sbel yn trafod pa mor ddiflas oedd y gyda'r nosau yn Abermarl pan oedd hi'n bwrw, meddai Gari: 'O ia, *mae* 'na sinema yma'n does? Wyt ti'n ffansi mynd i weld ffilm heno 'ma?'

'O, 'na syniad da!' meddai Mali, a threfnodd ei gyfarfod am saith.

Roedd hen gymylau duon yn bygwth cawod wrth i Mali fynd yn ôl at ei mam ond doedd dim ots ganddi hi: teimlai ei bod yn cario'r haul y tu mewn iddi. A'r funud hon, roedd yn well ganddi fod yn Abermarl nag yn unman yn y byd. Yna, cafodd gip ar ei mam – a fferrodd. Gwelodd fod ei hwyneb hi yn darogan storm!

❦

'A le *ti* 'di bod 'te, Mali?' gofynnodd, ei llais yn llawn cynnwrf.

'Jest ... jest am dro,' atebodd Mali, gan deimlo'n ofnadwy o euog yn sydyn – er nad oedd hi wedi gwneud dim byd o'i le.

'O ie. 'Da pwy?'

''Da ... 'da Gari.'

'A phwy yw e?'

'Wel ... Gari. Mae e wedi bod yn dod 'ma ar ei wylie bob blwyddyn 'da'i rieni, jest fel ni. Wy'n 'i nabod e ers blynydde.'

'Wyt ti? Sa i rioed wedi dy glywed ti'n sôn amdano fe
o'r bla'n a sa i rioed wedi 'i weld e o'r bla'n chwaith! Mali,
ma' 'da fi ddigon i boeni amdano fe'n barod heb i ti fynd
off 'da rhyw fachgen dierth. Ti'n rhy ifanc i ddechre dim
byd fel'na.'

Ar hynny, daeth ei phregeth i ben yn sydyn wrth i'r
cymylau duon ddechrau arllwys y glaw. Casglodd pawb eu
pethau at ei gilydd ar frys a rhedeg ar wib am eu carafan-
nau. Erbyn i Mali a Iolo a'u mam gyrraedd eu carafán,
roedd y tri ohonyn nhw'n wlyb hyd at eu crwyn. Pender-
fynodd Mali sôn am ei dêt cyn gynted ag y byddai wedi
newid a sychu ei gwallt hir, cyrliog – ond pan ddaeth yr
amser, fedrai hi ddim. Roedd hi wedi bwriadu sôn am y
peth rhag blaen ar ôl dod yn ôl ond roedd derbyniad ei
mam wedi mynd â'r gwynt o'i hwyliau hi. Yna daeth y
glaw ar eu traws, a rŵan wyddai hi ddim sut i ailgodi'r
pwnc. Pob tro roedd hi'n mynd i roi cynnig arni roedd
hi'n colli'i phlwc!

Daeth yn saith o'r gloch heb iddi fedru sôn am Gari.
Erbyn hyn, teimlai Mali'n swp sâl. Rhyw funud wedi saith
clywodd gnoc ar ddrws y garafán. Cododd i'w ateb ond
roedd Iolo yno o'i blaen.

'O helô,' meddai, heb feddwl dim byd. 'Dere mewn,
Gari!'

Gwenodd Mali'n nerfus ar Gari wrth iddo ddod drwy'r
drws. Cododd ei mam ei phen o'r llyfr roedd hi'n ei ddar-
llen ac edrych arno hefyd. 'Unrhyw funud,' meddyliodd
Mali, 'fe fydd 'ma ffrwydriad mawr.'

Yna clywodd hi'n dweud: 'O *Gari*! Nawr rwy'n gwybod
pwy ŷch chi! Rŷch chi wedi newid shwd gyment ers y
llynedd, wnes i mo'ch nabod chi pan weles i chi'n cerdded
'da Mali ar y traeth.'

Teimlodd Mali ryw ryddhad mawr yn prysur ddatod y clymau yn ei stumog! Rŵan bod ei mam wedi sylweddoli pwy oedd Gari, siawns na fyddai hi'n fodlon iddi fynd efo fo i weld y ffilm.

'Ia, ma' pawb yn deud 'mod i wedi tyfu. Dwi'n dalach na Dad rŵan,' atebodd Gari. Yna, ar ôl eiliad o seibiant, meddai: 'Y, meddwl o'n i tybad fasa Mali'n licio dŵad i weld ffilm efo fi heno.' Yr oedd rhywbeth yn yr awyrgylch yn y garafán yn dweud wrtho y byddai'n ddoethach iddo *ofyn* i fam Mali am ganiatâd i fynd â hi allan, yn hytrach na chymryd yn ganiataol ei bod hi'n dod.

'O, 'na drueni!' meddai mam Mali. 'Ma' Mali a Iolo a finne wedi trefnu mynd mas heno 'ma, nawr mae'r glaw wedi peidio!'

'Naddo, ni ddim!' meddai Iolo ar ei thraws, 'a fi moyn mynd i weld ffilm! O, gaf i fynd i'r sinema 'da Mali a Gari, Mam?'

Bron na fedrai Mali *glywed* ei mam yn meddwl. Gwyddai nad oedd arni eisiau siomi Iolo – a phe bai o'n mynd i'r sinema efo Gari a hithau, yna byddai'n medru cadw llygad arnyn nhw ill dau.

'Iawn 'te, cerwch eich tri,' meddai, 'a dewch yn syth yn ôl.'

Teimlai Mali'n falch ac yn flin ar unwaith. Er mor hapus yr oedd hi o gael mynd allan efo Gari, go brin y byddai'r noson yn un ddelfrydol os oedd hi'n gorfod mynd â'i brawd bach efo hi!

'Mae'n ddrwg 'da fi am Mam,' meddai wrth Gari cyn gynted ag yr oedden nhw o olwg y garafán, yn awyddus i roi eglurhad iddo.

'Pam, Mali?' meddai llais bach Iolo ar unwaith.

'O dim byd. Siarad 'da Gari o'n i,' atebodd yn ôl.

Cofiodd yr hen ddywediad: Mae gan foch bach glustiau mawr. Oedd, roedd yn rhaid bod yn wyliadwrus beth roedd rhywun yn ei ddweud yng ngŵydd plant, a doedd ei brawd bach hi ddim yn eithriad! Ceisiodd wneud llygaid ar Gari y tu ôl i gefn Iolo. Doedd ond gobeithio y câi hi gyfle i egluro popeth iddo rywbryd eto pan na fyddai o o gwmpas i gario straeon i'w mam.

Ar ôl cyrraedd y sinema, bu'n rhaid iddo gael hufen iâ a bag mawr o bopcorn. Yna, wrth fynd i'w seddi, rywsut neu'i gilydd fe lwyddodd i lithro'i hun rhwng Mali a Gari yn y tywyllwch nes ei fod yn eistedd yn dwt yn y canol rhwng y ddau.

'Iolo,' sibrydodd Mali, 'wnei di newid lle 'da fi plîs?'

'Na,' atebodd Iolo'n bendant, 'mae'n well 'da fi man 'yn!'

Bu'n rhaid i Gari a Mali fodloni ar edrych ar ei gilydd a gwenu ar ei gilydd dros ben Iolo, felly, a meddyliodd Mali'n chwerw y byddai eu mam yn siŵr o fod yn falch iawn o'i mab!

Ar y ffordd adref wedyn, fe roddai'r byd yn grwn am gael cerdded law yn llaw efo Gari, ond roedd presenoldeb Iolo yn gwneud hynny'n amhosib! Yna, fel roedden nhw'n cyrraedd y garafán, daeth eu mam allan i'w cyfarfod; felly doedd dim gobaith am gusan nos da! O leiaf, cyn iddo fynd, fe lwyddodd Gari i sibrwd yn frysiog: 'Mi wela i chdi bora fory Mali, ocê?'

Bu'n bwrw'n drwm yn ystod y nos, ond yn gynnar yn y bore daeth Morus y Gwynt i hel y glaw i ffwrdd a chymryd ei le. Yr oedd Iolo wrth ei fodd gan fod ganddo farcud newydd i'w hedfan.

Wrthi'n gorffen eu brecwast roedden nhw pan gyrhaedd-odd Gari. Sylwodd Mali ar ei mam yn cuchio fel roedd o'n dod trwy'r drws ond, os sylwodd Gari, chymerodd o ddim arno. 'Helô, Mali,' meddai heb lol, 'mi o'n i'n meddwl mynd am dro. Liciat ti ddŵad?'

'O, i le chi'n mynd?' gofynnodd Iolo.

'Wel, i ben Foel Grug o'n i'n feddwl.'

'O grêt! Mae man 'ny'n le da i hedfan barcud. Fe ddo i 'da chi.'

''Na fe 'te, ond cofiwch ddod 'nôl erbyn cinio,' meddai eu mam.

Teimlai Mali fel sgrechian! Roedd hi wedi cael llond bol o Iolo neithiwr heb orfod ei ddioddef o eto y bore 'ma, ac roedd yn annheg gorfodi ei gwmni ar Gari o hyd. Eto, oni bai am Iolo, go brin y byddai ei mam yn gadael iddi fynd efo Gari o gwbwl. Er ei bod bellach yn cofio pwy oedd o a'i deulu, gwyddai Mali y byddai'n well o lawer ganddi pe bai o jest yn cadw draw.

Cerddodd y tri i ben Foel Grug a dechrau hedfan y bar-cud. 'Hei Iolo,' meddai Gari ymhen hir a hwyr, 'be am i ti fynd i chwara ar ben dy hun rŵan am dipyn? Ma' Mali a fi isio mynd am dro.'

'Na, mae'n well ichi whare 'da fi, a bydd Mam yn grac os gweda i wrthi hi'ch bod chi wedi 'ngadel i,' meddai Iolo'n awgrymog.

'Wel, does dim rhaid iddi hi wbod, nac oes?' atebodd Gari ac estyn darn hanner can ceiniog o'i boced. 'Os wt ti'n gaddo peidio deud wrthi hi, mi gei di hwn i brynu hufan iâ ar y ffordd 'nôl.'

Prynwyd Iolo ac, o'r diwedd, cafodd Mali gyfle i ymddi-heuro dros ei mam. 'Mae hi wedi bod mor gas ers i Dad fynd,' meddai. 'Rwy'n 'i golli e shwd gyment, Gari. Merch Dad o'n i, t'weld, a Iolo'n fachgen 'i fam. Mae'n hala fi'n grac pan mae hi'n gadel iddo fe gal 'i ffordd 'i hun 'da popeth. Diolcha nad oes 'da ti frawd bach!'

'O dwn 'im. Tydy bod yr unig un ddim yn fêl i gyd chwaith, 'sti. Ma' Dad a Mam yn disgwl i mi neud yn wych yn yr ysgol am nad oes 'na neb arall i fyw 'u breuddwydion nhw. Mae o'n medru bod yn straen!'

Wrth sgwrsio law yn llaw, teimlai'r ddau ifanc eu bod yn nabod ei gilydd yn well nag yr oedden nhw wedi nabod neb yn y byd o'r blaen.

❧

Wel am wyliau! Roedd y tywydd yn mynd o ddrwg i waeth. Ond roedd yn haws gan Mali ddioddef y gwynt a'r glaw y tu allan na'r mellt yn llygaid ei mam pan fyddai Gari'n ymweld â'r garafán. A phob tro roedden nhw'n mentro allan i rywle rhwng cawodydd, fe ofalai hi bod ganddyn nhw gynffon ... cynffon o'r enw Iolo!

Pam yn union oedd hi'n ymddwyn fel hyn, meddyliodd Mali. Roedd hi hyd yn oed wedi gofyn iddi un noson wlyb beth oedd ganddi yn erbyn Gari. 'Shgwl, Mali,' atebodd, 'ti'n rhy ifanc i fynd mas 'da bechgyn, a fi sy'n gyfrifol amdanat ti – neb ond y fi.'

Ond os oedd ei mam wedi rhoi ei chas ar Gari, roedd Iolo ac yntau'n dod yn dipyn o lawiau, ac amal i dro sylwodd Mali ar Iolo'n syllu efo llygaid addolgar ar y bachgen hŷn. Yn anffodus i Gari a hithau, roedd o wrth ei fodd yn eu cwmni nhw. Ond ychydig geiniogau yn ei boced o ac fe ddiflannai am sbel.

Y diwrnod olaf ond un, cerddai'r ddau ar hyd y traeth ar ôl talu i Iolo i fynd i chwilio am gregyn diddorol. 'Mae'n ddydd Iau yn barod,' meddai Mali. 'Fe fyddwn ni i gyd yn mynd tua thre y diwrnod ar ôl fory. Trueni na allen ni gael un noson mas 'da'n gilydd heb Iolo cyn mynd, 'te Gari? Jest ti a fi.'

'Ia, dwi'n gwbod,' atebodd yntau. Yna, ar ôl meddwl am funud, meddai: 'Mali, mae gin i syniad, ond mi fydd yn rhaid i Iolo'n helpu ni. Mi glywis i bod 'na griw o blant o'r maes carafanna'n mynd i'r ffair nos fory fel *treat* ar noson ola'r gwylia ac mae 'na un neu ddau o rieni'n mynd hefyd i gadw llygad arnyn nhw. Tasa Iolo'n gofyn i dy fam gaech chi'ch dau fynd hefyd, mi fedran ni gyfarfod yn y ffair a sleifio i ffwrdd am ryw awr neu ddwy a'i adal o yno efo'i ffrindia – cyn bellad â'i fod o'n gaddo peidio â sôn gair wrth dy fam ar ôl mynd yn ôl.'

Ymddangosodd Iolo'n fuan wedyn efo casgliad digon di-lun o gregyn i'w dangos – a rhoddodd Gari ei gynllun ger ei fron.

'We...el, fe wnaiff e gosti i chi,' oedd ateb gofalus Iolo.

'Faint?' gofynnodd Gari. Roedd ei arian o'n mynd yn brin!

'Candi fflos mawr a dwy reid yn y ffair. O ie, a hufen iâ.'

Cytunodd Gari a Mali. Roedd y ddau'n fodlon rhoi eu ceiniogau olaf er mwyn cael ychydig oriau yng nghwmni ei gilydd erbyn hyn.

Y noson honno yn y garafán, fedrai Mali ddim edrych wrth i Iolo ofyn yn angylaidd i'w fam gâi'r ddau ohonyn nhw fynd i'r ffair efo'r plant eraill y noson wedyn. Gan mai Iolo oedd yn gofyn, fe gytunodd hi heb lol. Pan gododdd Mali ei phen o'r llyfr roedd hi'n cymryd arni ei ddarllen, gwelodd Iolo yn codi'i fawd arni a gwenu fel roedd eu mam yn troi ei chefn. Gwenodd yn ôl arno. Roedd rhan gyntaf y cynllun wedi mynd yn iawn.

Gweithiodd pethau i'r dim drannoeth hefyd. Gwelodd Mali Gari yn y siop yn y bore pan aeth hi a Iolo i nôl llefrith a bara, a chafodd gyfle i wneud trefniadau gogyfer â'r gyda'r nos.

'Wela i di heno 'te, am wharter wedi saith,' meddai cyn mynd.

'Ia, iawn; wrth ymyl yr olwyn fawr!' atebodd yntau efo gwên.

Teimlai Mali'n llawn cyffro trwy'r dydd – ac yn enwedig wrth i chwarter wedi saith ddynesu. Er hynny, daeth mymryn o euogrwydd i'w phoeni wrth iddi adael y garafán. Yna trodd yr euogrwydd yn dristwch. Doedd hi ddim yn mwynhau dweud celwydd a byddai'n llawer gwell ganddi fynd i gyfarfod Gari efo sêl bendith ei mam! Daeth eu mam i'r drws i'w gweld yn cychwyn. ''Na fe 'te, mwynhewch eich hunen,' meddai, 'a chofiwch fod adre man 'yn erbyn *deg o'r gloch*. Ti'n clywed, Mali? Hwyl 'te!'

Yr oedd Gari'n sefyll ger yr olwyn fawr yn aros amdanyn nhw. Y funud y gwelodd Mali o, diflannodd pob tamaid o'r euogrwydd a'r tristwch a deimlodd wrth dwyllo ei mam. Y cwbwl fedrai hi ei deimlo oedd y llawenydd o'i weld! Ar ôl prynu clamp o gandi fflos i Iolo a rhoi arian poced iddo fo ei wario yn y ffair, gadawodd Gari a hithau ei brawd bach yn saff efo'i ffrindiau. 'Fe welwn ni ti ger yr olwyn fawr am wharter i ddeg, iawn Iolo?' meddai Mali. 'A *chofia* fod 'na!'

Fe aethon nhw i'r Ganolfan Bowlio i ddechrau, a chael dwy gêm yn y fan honno. Hwn oedd y tro cyntaf erioed i

Mali fod allan ar ei phen ei hun efo cariad ac roedd hi wrth ei bodd. Gwnâi iddi deimlo'n wahanol, fel pe bai hi wedi tyfu i fyny go-iawn o'r diwedd; wedi croesi'r bont y bu'n sefyll ar ei chanol ers rhai misoedd, a gwyddai na fyddai 'na ddim troi'n ôl. Edrychai ar Gari bob munud: roedd hi wedi dotio arno fo a theimlai mor hapus o fod yn mynd allan efo rhywun mor neis â fo.

Fe adawon nhw am naw o'r gloch. Am braf oedd cael llonydd i gerdded law yn llaw a'r nos yn cau amdanyn nhw! Cerdded a cherdded gan sibrwd a rhannu cyfrinachau heb wybod na phoeni i lle'r oedden nhw'n mynd. Aros ar y prom am eu cusan gyntaf dan olau'r lleuad, a datgan eu cariad tuag at ei gilydd yn swil.

Yn sydyn, clywodd y ddau gloc y dref yn taro. Trawodd ddeg gwaith – a hwythau i fod i gyfarfod Iolo yn y ffair reit ym mhen arall y dref chwarter awr yn ôl! 'O na!' gwaeddodd Mali, a dyna gychwyn yn ôl yn wyllt ac yn llawn panig. Yn ei brys, trodd ei throed. 'Ty'd!' meddai Gari, ond fedrai hi wneud dim ond hercian ymlaen a dal ei gafael yn ei fraich. Pan gyrhaeddon nhw'r ffair o'r diwedd roedd hi'n hanner awr wedi deg a'r lle ar fin cau ... a doedd 'na ddim golwg o Iolo wrth ymyl yr olwyn fawr.

❦

'O na! Gari, smo fe 'ma! Le ma' fe? Le ma' fe?' llefodd Mali gan deimlo'i hun yn mynd yn boeth ac yn oer drosti, a'i choesau'n gwegian oddi tani. 'O, beth ni'n mynd i'w neud nawr?'

'Wn i,' atebodd Gari, gan gadw ei ben. 'Aros di'n fan hyn wrth ymyl yr olwyn fawr, a phaid â symud o'ma rhag ofn iddo fo ddŵad yma. Mi a' inna o gwmpas y ffair i edrach fedra i 'i weld o ac i holi oes 'na rywun arall wedi'i weld o ne'n gwbod rwbath o'i hanas o. Paid â phoeni, Mali, fydda i ddim yn hir.'

Doedd dim diben o gwbwl iddo ddweud wrthi am beidio â phoeni! Unwaith yr oedd o wedi gadael, aeth Mali i boeni cymaint nes gwneud ei hun yn sâl. Hyd yn oed pe bai Iolo'n dod yno y munud hwnnw, meddyliodd, fyddai hi ddim yn bell o un ar ddeg arnyn nhw'n cyrraedd adref. Byddai hynny bron i awr yn hwyr a byddai eu mam o'i cho! Ond beth pe na bai Iolo'n dod yn ôl o gwbwl? Beth ddywedai ei mam a beth wnâi hi iddi hi wedyn? A beth am Iolo? Oedd o'n iawn? Dechreuodd ddychmygu rhai o'r pethau erchyll a allasai fod wedi digwydd iddo fo, ac aeth y rheiny'n fwy real pan ddaeth Gari yn ei ôl – ar ei ben ei hun.

'Welest ti ddim golwg ohono fe 'te?' gofynnodd yn bryderus.

'Naddo, mae arna i ofn, ac ma'r ffair wedi gwagio dipyn erbyn hyn; mi fasa'n ddigon hawdd 'i weld o achos does 'na fawr o neb o gwmpas. Mi soniodd dyn y stondin saethu 'i fod o wedi gweld hogyn bach efo gwallt brown syth a ffrinj yn sefyll wrth ymyl yr olwyn fawr tua awr yn ôl ond sylwodd o ddim arno fo wedyn. Doedd 'na neb arall fuos i'n holi wedi gweld dim byd.'

'O, ma' hyn yn ofnadw on'd yw e? Wna i *byth* fadde i mi fy hun os oes 'na rywbeth wedi digwydd iddo fe. Wy'n gwybod 'i fod e'n gallu bod yn boen ar adege ond wy'n meddwl y byd o'r jawl bach!'

'Yli, Mali, y peth mwya tebygol ydy 'i fod o wedi blino aros yma amdanan ni ac wedi mynd yn ôl i'r garafán ar 'i ben 'i hun. Y peth gora i ni neud rŵan ydy mynd draw yna i weld ydy o'n ôl.'

Gadawodd y ddau y ffair a gwneud eu ffordd yn ôl fraich ym mraich i'r maes carafannau. 'Gari, rwy'n siŵr bod 'na bobol wedi mynd i'r grocbren yn teimlo'n well nag wy'n teimlo nawr. Mae Mam yn siŵr o'm *lladd* i!' meddai Mali. Ond cafodd rhyw nerth rhyfeddol wrth iddo fo ei gwasgu ato a chusanu'i gwallt.

Fel roedden nhw'n cyrraedd y garafán, agorodd y drws yn sydyn a dyna lle'r oedd mam Mali'n sefyll a'i hwyneb yn glaerwyn. Yn rhyfedd iawn, ddywedodd hi'r un gair, dim ond gafael ym Mali gerfydd ei braich a'i llusgo hi i mewn i'r garafán. Clywodd Mali Gari'n dweud rhywbeth wrthi ac yn cael llond ceg yn ôl ganddi. Yna roedd y drws wedi cau'n glep. Roedd Gari y tu allan iddo a hithau y tu mewn. Ac yno, o'i blaen, roedd Iolo.

'Wel?' meddai ei mam, ei thymer yn amlwg yn wynias. 'Rwy'n meddwl bod arnat ti eglurhad i Iolo ac i minne, gwd girl. Oes 'da ti unrhyw syniad y fath loes ti wedi'i achosi i'r ddou ohonon ni heno 'ma? Neu falle bod hynna'n gwestiwn twp i'w ofyn i ferch fach hunanol fel ti! Shwd o't ti'n meddwl o'n i'n teimlo pan weles i bawb arall yn dod yn ôl i'r maes carafanne obeutu deg o'r gloch heno, Mali, a tithe a Iolo ddim 'da nhw? A phan ofynnes i iddyn nhw le o'ch chi, fe wedodd Alun dy fod ti wedi mynd mas 'da'r Gari 'na a bod Iolo, pwr dab, yn aros i chi ddod i'w nôl e wrth ymyl yr olwyn fawr! Fe es i draw yno'n syth – ac fe ddylet ti fod wedi'i weld e, Mali, yn sefyll ar 'i ben 'i hunan bach mewn lle hollol ddieithr yn aros amdanat ti am wharter wedi deg y nos! Galle *unrhyw* beth fod wedi digwydd iddo fe; galle rhywun fod wedi dod hibo a'i ddwgyd e a'i laḍd e. Dyw e'n ddim diolch i ti 'i fod e'n fyw.'

'Wel, dyw e'n ddim diolch i ti weth!' brathodd Mali'n ôl o ganol ei braw a'i thymer. 'O'n i ddim moyn gweud celwydd a mynd i weld Gari y tu ôl i dy gefen di. Ti nath i fi 'i neud e achos o't ti'n pallu gadel i Gari a fi fynd mas 'da'n gilydd heb Iolo, ac yn mynd i shwd dymer pan oedd e'n dod i'r garafán. A hynny heb reswm. Ti'n gwybod yn nêt bod Gari'n fachan ffein.'

'Mali, rwy wedi gweud wrthot ti o'r bla'n dy fod ti'n rhy *ifenc* i fynd mas 'da bechgyn; newydd gael dy bymtheg wyt ti.'

'Na, sa i'n credu mai am fy mod i'n rhy ifenc rwyt ti'n erbyn i fi weld Gari! Pe bai *Iolo* moyn mynd mas 'da rhywun – er nad yw e ond naw oed – rwy'n siŵr y byddet ti'n prynu ffowlyn a'i gwadd hi 'ma i gino! Ond os *wy* moyn mynd mas 'da rhywun, mae'n rhaid iti gael tynnu'n groes on'd oes e? Ti ddim yn fy hoffi i, wyt ti, Mam?' Rŵan bod Mali wedi dechrau mynd i hwyl, fedrai hi ddim tawelu; roedd hi wedi cadw'n dawel mor hir! 'A ti'n gwybod beth arall wy'n feddwl?' meddai. 'Wy'n credu nad wyt ti moyn i fi fynd mas 'da Gari achos elli di ddim godde fy ngweld i'n hapus. Ti jest isie i fi fod mor anhapus â ti!'

''Na ddigon nawr, Mali! Paid ti â siarad fel'na 'da fi, gwd girl. Feiddiet ti ddim gweud pethe fel'na pe bai dy dad yma!'

'Ond *dyw* e ddim 'ma, ody e?' sgrechiodd Mali. 'Ma' fe wedi mynd a'n gadel ni! A ti'n gwybod pam rwy'n meddwl 'i fod e wedi'n gadel ni, Mam? Achos dy fod ti yn hen fenyw mor gas!'

Gwyddai Mali ei bod wedi mynd yn rhy bell cyn iddi gael y glustan. Clustan boeth ar draws ei boch! Tybiodd am eiliad ei bod am gael un arall ond yna clywodd lais

Iolo'n gweiddi: 'Na! Paid Mam! Paid!' o rywle a gwelodd ei mam yn syrthio'n ôl ar y soffa, ei hwyneb yn fflamgoch. Siaradodd hi ddim efo Mali y noson honno wedyn, a ddywedodd Mali ddim gair wrthi hithau. Roedd y ffrae drosodd ac, ar ei hôl, daeth mudandod mawr ...

Bu Mali am hir heb gysgu ar ôl mynd i'w gwely, a thra oedd hi'n gorwedd yno, yn effro ac yn meddwl, clywodd sŵn sniffian crio tawel yn dod o wely ei mam. Yr oedd un rhan ohoni'n teimlo drosti ac eisiau codi a mynd ati i'w chysuro tra oedd rhan arall, gryfach, yn cofio'r holl adegau y bu hi, Mali, yn crio yn ei gwely ar ôl i'w mam wneud neu ddweud rhywbeth i'w hypsetio ers i'w thad fynd i ffwrdd. Doedd hi ddim wedi bwriadu dweud yr holl bethau 'na wrthi y noson honno – ac eto roedden nhw wedi bod yn berwi yn nyfnderoedd ei meddwl hi ers amser go hir.

Doedd dim sill i'w gael gan ei mam fore trannoeth. Âi o gwmpas ei gwaith â'i hwyneb fel pren. Roedd y tensiwn rhyngddi hi a Mali'n annioddefol ac, i wneud pethau'n waeth, aeth Iolo allan i ffarwelio â'i ffrindiau gan adael y ddwy efo'i gilydd yn y garafán. Roedd Mali ar dân eisiau gweld Gari ond feiddiai hi ddim sôn am ei enw fo. Ei hunig obaith oedd y byddai'n mentro heibio – iddi gael un cip olaf arno fo cyn mynd.

Daeth y tacsi am ddeg o'r gloch, ond doedd 'na ddim golwg o Gari. Gadawodd y teulu y maes carafannau fel y cyrhaeddon nhw, yn y glaw. Cymysglyd oedd teimladau Mali; roedd hi wedi profi loes a hapusrwydd yn Abermarl eleni, felly teimlai'n falch ac eto'n drist o fynd. Eisteddai ei mam yn y ffrynt fel delw ac roedd hyd yn oed Iolo i'w weld yn dawel a syn.

Roedd y daith yn ôl yn y trên yn debyg iawn i'r daith yno. Treuliodd Mali'r rhan fwyaf ohoni'n edrych drwy'r ffenest ar y niwl a'r glaw. Digon diflas hefyd oedd ei meddyliau. Roedd hi wedi meddwl yn siŵr y byddai Gari'n dod draw i ffarwelio efo hi, er gwaethaf yr helynt neithiwr. Cofiodd ei wyneb a'i lais pan ddywedodd wrthi ei fod yn ei charu. Pe bai o *yn* ei charu hi go-iawn, siawns na fyddai wedi dod i ddweud ffarwél.

Ei mam oedd y bwgan, wrth gwrs. Yn amlwg, roedd Gari wedi penderfynu nad oedd yn werth iddo fo gyboli efo neb efo mam fel'na. Edrychodd Mali arni'n ddirybudd, a gwelodd ei bod yn edrych arni hi, a'i llygaid yn llawn – nid casineb – ond dagrau. Cododd yn sydyn a mwmblian rhywbeth am fynd i'r tŷ bach.

'Mali,' meddai Iolo cyn gynted ag yr oedd hi o'r golwg, 'mae 'da fi rywbeth i ti oddi wrth Gari. Fe weles i e y bore 'ma!'

Gwthiodd nodyn wedi'i sgrifennu'n frysiog i'w llaw – nodyn yn dweud: 'Mali, Jest isio i ti wybod fy mod i *yn* ei feddwl o neithiwr pan wnes i ddweud fy mod yn dy garu di. Does arna i ddim isio dy golli di. Dwi wedi cael dy gyfeiriad ti gan Iolo ac mi fydda i mewn cysylltiad yn fuan iawn, iawn. Gari. XXX'

Pan ddaeth ei mam yn ôl o'r tŷ bach, roedd y glaw a'r niwl wedi cilio i Mali. Roedd hi'n haul y tu mewn iddi unwaith yn rhagor, a hwnnw'n rhoi'r nerth iddi i wynebu beth bynnag oedd i ddod.

❦

Y TU ÔL I'R LLENNI

Yn wahanol i lawer o bobol, roedd Alwen yn hoff iawn o foreau Llun. Doedd hi ddim wedi bod felly erioed! Ychydig flynyddoedd yn ôl, byddai'n gas ganddi ddeffro i ddarganfod ei bod yn fore Llun arall, ac wythnos gyfan o ysgol yn ymestyn o'i blaen. Ond ers iddi ddechrau gweithio yn y theatr, roedd hynny wedi newid.

Gweithio ym myd y theatr oedd breuddwyd mawr Alwen erioed. Yr oedd hi wedi cael ei swyno gan ei hud a'i ledrith ers pan oedd hi'n ddim o beth yn mynd i weld dramâu yn neuadd y pentref ar nosweithiau oer yn y gaeaf efo'i mam, a phantomeim lliwgar Cwmni Theatr Cymru bob Nadolig. Rŵan roedd hi'n gweithio yng nghanol miri a rhialtwch y theatr ei hun – fel Cynorthwyydd Rheoli Llwyfan. Ar adegau, tueddai i deimlo nad oedd hynny'n ddim ond teitl crand am forwyn fach, ond roedd hi'n mwynhau bob munud – yn gymaint felly fel bod bore Llun bellach yn amser i'w groesawu.

Y bore Llun hwn, roedd y cwmni'n dechrau ymarfer ar gyfer cynhyrchiad newydd sbon: drama ramantus o'r enw *Tra bo Dau*. Wrth iddi feicio i'w gwaith ben bore, sylwodd Alwen fod y posteri wedi cael eu plastro y tu allan i'r theatr yn barod. Arhosodd am funud i edrych ar un ohonyn nhw, a theimlodd eto y cyffro hwnnw o feddwl ei bod hi, Alwen, yn rhan o'r holl beth!

Oedd, roedd hi'n teimlo ei bod yn perthyn yma. Roedd y theatr fel ail gartref iddi; y cwmni fel ail deulu. A dyma Edwin, a ofalai am ddrws cefn y llwyfan, yn ei chroesawu hi efo'i 'Haia, Blodyn,' serchog wrth iddi gamu trwy'r drws. 'Gest ti benwythnos go lew?' gofynnodd. 'Y chdi ydy'r cynta i gyrraedd heddiw eto.'

Roedd Alwen yn falch o hynny. Golygai y câi hi lonydd i gael trefn ar bethau cyn i'r prysurdeb ddechrau. Wrthi hi'n marcio llawr y llwyfan yr oedd hi pan glywodd lais Edwin yn cyfarch rhywun arall yn y pellter. Adnabu'r llais a'i atebodd yn syth. Elfed oedd hwnna. Elfed Arwel, yr actor, ac un o'i harwyr mawr hi.

Cofiodd y tro cyntaf un iddi ei weld. Yn y chweched dosbarth yn yr ysgol yr oedd hi, ac yntau wedi dod yno efo cwmni theatr i berfformio'r ddrama yr oedden nhw'n ei hastudio ar gyfer eu cwrs lefel 'A'. Roedd hi'n meddwl ei fod o'n wych, ac wedi ei edmygu'n fawr a dilyn ei yrfa ar y llwyfan a'r teledu ers hynny.

Yn rhyfedd iawn, yn y cynhyrchiad cyntaf erioed iddi weithio arno yn y theatr, Elfed oedd y prif actor. Roedd Alwen yn reit nerfus ynglŷn â'i gyfarfod o; ei theimladau'n gymysgedd o swildod a'r ofn o gael ei siomi ynddo fo ar ôl ei addoli am dair blynedd bron! Ond doedd dim rhaid iddi fod wedi poeni. Roedd Elfed yn gymeriad hoffus, cyfeillgar, a gwnaeth iddi deimlo'n gartrefol o'r dechrau. Roedd ei gariad – merch dawel, naturiol – yn actio yn yr un ddrama ac roedd y ddau ohonyn nhw wedi bod yn garedig iawn wrthi. Doedd Alwen ddim wedi gweld Elfed na'i gariad ers hynny, a go brin, meddyliodd, y byddai'r un o'r ddau yn ei chofio hi erbyn hyn.

Clywodd sŵn ei draed yn nesáu ar hyd y coridor. Eiliad

arall, a dyna lle'r oedd o'n camu i'r llwyfan o'r tywyllwch. Na, doedd o ddim wedi newid llawer ers iddi ei weld o o'r blaen. Roedd ei wallt brown, syth, yn dal i fod sbel dros ei goler; ei wyneb golygus yn reit denau o hyd, ac roedd o'n gwisgo jîns a siaced ledr, yn union fel roedd hi'n ei gofio fo. Safodd yno am eiliad yn edrych arni. Yna meddai: 'Helô! Alwen, ife? Ti oedd yn gwithio 'da ni ar *Y Bore Bach*, ontefe?'

'Ia ... ia ... dyna chi,' meddai Alwen yn drwsgwl a theimlo'i hun yn cochi. Nefoedd yr adar, roedd o'n ei chofio hi *a'i* henw!

'Wel mae'n neis dy weld ti 'to,' meddai Elfed yn gyfeill-gar. 'Shwd mae pethe'n mynd 'te? Hei, ti'n moyn help 'da'r tâp 'na?'

Felly'n union roedd o o'r blaen hefyd; mor barod ei gym-wynas bob amser. Doedd dim yn ormod gan Elfed. Ac roedd yn rhaid dweud ei bod yn haws marcio'r llawr efo pâr arall o ddwylo'n ei helpu. Dechrau ymlacio yn ei gwmni o roedd hi pan glywodd lais Edwin yn cyfarch rhywun eto – a Lewis, y cyfarwyddwr, yn ei ateb y tro hwn. Clywodd sŵn traed Lewis yn dod ar hyd y coridor. Yna camodd yntau i oleuni'r llwyfan. Dyn bychan efo llais uchel oedd Lewis. Roedd ei wallt hir wedi ei dynnu'n ôl yn gynffon a gwisgai sbectol ddu mewn haul a glaw, a jîns a chrys denim haf a gaeaf.

'Helô, shwmai?' meddai'n glên i gyd wrth Elfed, ond heb gymryd unrhyw sylw ohoni hi. Un felly oedd o. Dipyn o ben bach yn y bôn, yn tueddu i feddwl amdano'i hun fel *Y* Cyfarwyddwr Mawr.

Yn dynn wrth ei sodlau o daeth sŵn sodlau *stiletto* a chamodd Luned Einon ar y llwyfan. Y hi oedd y brif actores yn y ddrama hon. Doedd Alwen erioed wedi gweithio efo hi o'r blaen ac, os oedd y straeon amdani hi'n wir, ni theimlai fod ganddi unrhyw reswm i edrych ymlaen at y profiad! Roedd gan Luned Einon enw o fod yn dipyn o *prima donna* ers iddi fod yn seren y gyfres lwyddiannus 'na ar S4C. Edrychodd Alwen arni. Roedd hi'n hollol drawiadol yn sefyll yno yn ei gwisg *Armani* ddrud, ei gwallt hir, du yn syrthio dros ei sgwyddau, a phob owns ohoni'n byrlymu hyder. Ond mae'n siŵr ei bod hi'n hawdd bod yn hyderus pan oedd rhywun mor hardd â hynna, meddyliodd Alwen.

'Lewis!' meddai Luned yn theatrig. 'Sut wyt ti erstalwm? Dwi *mor* falch mai chdi sy'n cyfarwyddo!' Cofleidiodd a chusanodd Lewis gan adael siâp gwefusau coch ar ei foch. Yna trodd at Elfed.

'Elfed!' meddai, a'i hyder i'w glywed eto yn ei llais cryf, clir. 'Neis dy weld ti! Mi fydd yn grêt cael gweithio efo'n gilydd!'

Cerddodd tuag at Elfed i'w gusanu a'i gofleidio yntau, ond wrth iddi gamu amdano, aeth ei throed i'r union fan yr oedd Alwen wrthi'n ei farcio ar y llawr efo'r tâp. Yr eiliad nesaf, roedd y tâp gludog wedi mynd dros ei hesgid a darn o'i theits!

'O! O! Beth ar wynab y ddaear ydach chi'n drio 'i neud?' llefodd Luned, a throi ar Alwen yn flin.

'Alwen! Beth sy'n bod arnat ti? Dwyt ti ddim wedi dihuno'n iawn y bore 'ma, ne' beth?' meddai Lewis, yntau – ac yna, mewn llais melfedaidd, meddai wrth Luned: 'Wyt ti'n iawn, Lun fach?'

'O sori, mae'n ddrwg gin i. Do'n i ddim yn trio,' meddai Alwen yn drwstan i gyd a'i bochau'n fflamio.

'Wnaeth neb weud dy fod ti'n *trio* gwneud, Alwen,'

atebodd Lewis yn ddigon sarrug eto. 'Ond falle y gallet ti drio cymryd ychydig bach mwy o *ofal* o hyn ymlaen?!'

Ceisiodd Alwen gymryd yr holl ofal yn y byd wrth dynnu'r tâp oddi ar droed Luned Einon – ond wrth iddi geisio'i godi gwelodd ei fod wedi creu twll bach yn ei theits, a bod y twll hwnnw yn prysur ddringo i fyny ei choes!

'O na!' sgrechiodd Luned. 'Ylwch be dach chi wedi'i neud rŵan! Dach chi wedi ladro fy nheits newydd i! Lewis, dwi ddim yn coelio hyn! Roeddan nhw'n newydd sbon y bora 'ma. Be dwi'n mynd i neud rŵan? Fedra i ddim mynd o gwmpas fel hyn drwy'r dydd!'

'Alwen! Be sy'n bod arnat ti?' meddai Lewis yn filain. 'Cer draw i Wardrob y funud yma i chwilio am bâr arall o deits i Luned. Fe ga i air 'da ti 'to. Lun, mae'n ddrwg 'da fi am hyn.'

Er i'r helynt dawelu ar ôl i Luned gael pâr arall o deits, chafodd Alwen mo'r blas arferol ar ei gwaith y diwrnod hwnnw. Roedd y digwyddiad wedi gadael blas drwg yn ei cheg a'r unig beth a wnâi iddi deimlo'n well oedd cofio fel roedd Elfed wedi gwenu arni'n llawn cydymdeimlad pan oedd Luned yn mynd trwy'i phethau.

Roedd hi'n falch o weld y pnawn yn dirwyn i ben. Wrthi'n tacluso cyn gadael yr oedd hi pan glywodd rai o'r actoresau'n trafod Elfed. 'Ydy e'n dal i fynd mas 'da Wilma?' gofynnodd un.

'Na, mae hynny drosodd,' atebodd un arall. 'Mae o'n ddyn rhydd rŵan.'

Am y tro cyntaf ers y bore, teimlodd Alwen ei hysbryd yn codi.

'Hm, diddorol!' meddai llais clir y tu ôl iddi. Llais Luned. Trodd Alwen a gwelodd wên fach bleserus yn lledu ar draws ei hwyneb hardd. Oedd, roedd hi *yn* brydferth. Ac yn hyderus. Ac yn benderfynol o gael ei ffordd ei hun. A doedd dim diben yn y byd i rywun fel hi feddwl cystadlu yn ei herbyn! Yn amlwg roedd ganddi wythnos ddiflas o'i blaen. O brysied ddydd Gwener!

❦

Roedd yr ymarferion yn argoeli'n dda iawn – ond byth er y diwrnod cyntaf, doedd calon Alwen ddim yn y cynhyrchiad hwn. Heddiw, i wneud pethau'n waeth, roedd Lewis am ganolbwyntio ar y prif actorion – a'r olygfa garu! Wrth edrych ar Elfed a Luned yn cusanu ar y set, aeth Alwen i deimlo'n hollol genfigennus. Am braf oedd hi ar Luned, meddyliodd, yn cael bod mor ddel ac mor sicr ohoni'i hun – ac yn cael actio efo Elfed. Drwy'r bore mynnai ei meddwl lithro oddi wrth y nodiadau yr oedd hi i fod i'w gwneud i freuddwydio mai hi, Alwen, oedd yn ei freichiau o.

Y tro cyntaf iddi weithio efo Elfed bron i ddeunaw mis yn ôl, a hithau newydd ymuno â'r theatr, doedd hi ddim wedi meiddio ei ffansïo fo. Yn un peth, roedd ganddo fo gariad yn barod ac roedd hi wedi meddwl amdano fo fel un o gwpwl. Ond ar wahân i hynny, roedd hi'n siŵr na fyddai ei harwr mawr byth yn ystyried mynd allan efo rhywun fel hi – felly, rhwng popeth, doedd waeth iddi heb â meddwl amdano fo ddim. Y tro hwn, fodd bynnag, roedd pethau ychydig yn wahanol. Roedd Elfed yn rhydd ac roedd o mor gyfeillgar efo hi nes ei bod bron â mentro meddwl ei fod o'n teimlo rhywbeth amdani. Ond pa obaith oedd ganddi mewn difri pan oedd Luned Einon o gwmpas ac ar ei ôl o bob munud o'r dydd?

'*Fine!*' gwaeddodd Lewis yn bwysig, 'ond y tro hyn, Luned, wnei di edrych i fyw 'i lygaid e fel mae e'n gafael amdanat ti?'

'O na, dim eto!' meddyliodd Alwen. Roedd yn gas ganddi eu gweld nhw'n cusanu! Ac roedd yn rhaid iddi gyfaddef eu bod nhw'n edrych yn dda efo'i gilydd hefyd, ac i weld yn deall ei gilydd i'r dim wrth actio. Ond ai actio'n unig yr oedden nhw? Oedd hi'n bosib rhoi'r fath arddeliad â hynna mewn cusan ffug?

Fu Alwen erioed mor falch o weld amser coffi! Er nad oedd paratoi panad i bawb yn un o'i hoff dasgau fel arfer, roedd unrhyw beth yn well na gorfod edrych ar yr olygfa garu 'na un waith yn rhagor! Llanwodd y mygiau a chariodd nhw drwodd ar yr hambwrdd gan roi'r banad gyntaf i Luned er mwyn trio'i phlesio.

'A, coffi!' meddai Luned. 'Mi o'n i'n dechra meddwl nad oeddan ni am gael peth heddiw. Dwi'n barod am banad!' Ond ar ôl cymryd un cip sydyn ar y mŵg, gwelodd Alwen hi'n troi ei thrwyn.

'*Fi* pia hwn?' gofynnodd.

'Ia, Luned,' atebodd Alwen yn grynedig. 'Y ... ydy o'n iawn?'

'Iawn? A hwnnw'n llawn o lefrith? Alwen bach, dwi wedi rhoi'r gora i gymryd llefrith! Dwi ar ddeiet, reit? Sori, ond fedra i jest mo'i yfad o!'

Teimlodd Alwen ei bochau'n llosgi, ac o gornel ei llygad gallai weld Lewis yn twt-twtian ac yn ysgwyd ei ben arni'n flin.

Roedd hi ar fin mynd â'r coffi drwodd i'w daflu pan gymerodd Elfed y mŵg oddi arni. 'Der â fe i fi Alwen,' meddai, a gwenu arni'n gynnes. 'Fe gym'ra i fe. Smo fi ar ddeiet.'

35

Gwnaeth hynny iddi deimlo fymryn yn well wrth rannu'r coffi i bawb arall a gwneud panad iddi hi'i hun. Sylwodd ar Luned yn edrych yn feirniadol arni pan dolltodd lefrith i'w mŵg – ac yn edrych yn fwy beirniadol byth pan roddodd lwyaid go dda o siwgwr ar ei ben! Estynnodd am fisged siocled a cheisio peidio â chymryd sylw ohoni. Siocled oedd un o gysuron mawr Alwen bob amser a theimlai fod arni fwy o angen cysur nag arfer y bore hwn.

Dechrau ar ei hail fisged yr oedd hi pan ddaeth yn ymwybodol fod pâr o lygaid wedi'u hoelio arni: llygaid Luned. Gan deimlo'n anghyffyrddus iawn, stwffiodd weddill y fisged i gyd i'w cheg ar unwaith er mwyn ei gorffen: roedd cael Luned Einon yn rhythu arni fel'na yn gwneud i hyd yn oed siocled golli ei flas.

Y funud honno, torrodd llais cadarn, clir Luned drwy furmur y mân siarad yn y stafell. 'Fyddi *di* byth yn mynd ar ddeiet, Alwen?' gofynnodd. 'Does dim ots gin ti o gwbwl am dy ffigyr?'

Trodd pob pâr o lygaid yn y stafell i edrych ar Alwen. Hyd yn oed pe bai hi wedi medru meddwl am ateb, fedrai hi ddim bod wedi dweud dim gan fod ei cheg mor llawn. O'r cywilydd! Pawb yn syllu arni a'i bochau wedi chwyddo efo bwyd fel bochau hamster.

Yna, drwy'r chwerthin, clywodd Lewis yn dweud: 'Beth, *Alwen* ar ddeiet? Na, ma' hi'n bwyta *popeth*, w. Ni'n gorffod cuddio'r props rhagddi ambell waith neu fe fydde hi'n bwyta'r rheiny 'ed.'

Teimlodd Alwen ei bochau'n mynd yn wawr ddyfnach o goch nag oedden nhw'n barod – ond efo tymer yn fwy na dim y tro hwn. Roedd hi'n dechrau cael llond bol ar Lewis. Efallai ei fod o'n dipyn o ben bach ar y gorau, ond doedd o ddim yn arfer pigo arni fel hyn. Dim ond ers pan oedd Luned Einon o gwmpas yr oedd o fel'ma. Ac am Luned Einon ei hun: y drwg oedd fod ar Alwen ei hofn ac roedd hi'n sicr fod Luned yn sylweddoli hynny.

Oni bai am Elfed, fe fyddai'n ddiflas iawn arni. Roedd hi'n amau y byddai o'n dod draw i roi gair bach o gysur iddi pan gâi o gyfle – a chafodd hi mo'i siomi. Fel roedd hi'n paentio rhai o'r props ar ôl cael coffi, daeth drosodd. 'Hei, ma'r rhain yn dishgwl yn dda,' meddai, efo'i wên arferol. 'Wyt ti bron â chwpla?'

'Bron iawn. Jest hwn a'r gadair sydd i'w gneud eto, ac wedyn ...'

Cyn iddi fynd air ymhellach, torrodd llais cryf ar ei thraws.

'O, *fama* wt ti, El? Dwi wedi bod yn chwilio amdanat ti ym mhob man! Gwranda – ei di dros y rhan yma o'r sgript efo fi eto?'

Trodd Alwen i edrych ar Luned Einon ond, wrth iddi wneud hynny, aeth ei brws paent ar draws ei thrywsus lliw hufen gan adael streipen wyrdd tywyll hir ar ei ôl. Aeth Luned i sterics.

'Alwen!' sgrechiodd. 'Yr hen bitsh fach! Mi nest ti hynna'n fwriadol, do? Yli arni hi, Elfed, mi fasat ti'n meddwl na fasa menyn ddim yn toddi yn 'i cheg hi'n basat, ond dwi ddim yn meddwl fod Alwen bach ni mor ddiniwad ag y mae hi'n edrach!'

'Dere Luned, dere nawr!' ceisiodd Elfed ei thawelu. 'Damwain oedd hi. Jest damwain. Wy'n siŵr nad oedd hi ddim yn trio.'

'Ond welist ti'r peth yn digwydd, Elfed?' llefodd Luned eto.

'Wel ... na, weles i mohono fe'n digwydd. O'n i'n dishgwl arnat ti.'

'Yn hollol! Ond mi welis *i* o'n digwydd, reit? Mi welis i'r bitsh fach yn troi rownd ac yn rhoid streipan efo'i brws ar hyd fy nhrywsus i. Ac mi wn i pam 'i bod hi wedi gneud hefyd. Am i mi ofyn oedd hi byth yn mynd ar ddeiet gynna, a phawb yn chwerthin am 'i phen hi. Yntê, Alwen? Dial oedd hyn, yntê?'

'Naci, naci!' oedd y cyfan allai Alwen ei ddweud, a hynny mewn llais bach fel llygoden. Ond wrth edrych ar y ddau efo'i gilydd: Luned yn gynddeiriog ac Elfed yn dawel, Elfed a'i dychrynai hi fwyaf. Oherwydd gallai weld ar ei wyneb ei fod yn credu Luned ac wrth edrych arni hi, Alwen, roedd ei lygaid yn llawn siom!

Yn union cyn iddi ddeffro, roedd Alwen yn breuddwydio bod Elfed a hithau'n cerdded law yn llaw ar hyd traeth melyn, hir a bod pob ton, wrth dorri'n ewyn gwyn, yn anadlu rhyw heddwch braf drostyn nhw. Roedd hi'n dal i deimlo'r tawelwch ar ôl iddi ddeffro – am eiliad. Dim ond am eiliad. Yna cofiodd. Roedd hi'n fore Llun unwaith eto, ac roedd wythnos waith gyfan arall yn ymestyn o'i blaen. Roedd hi wedi deffro o freuddwyd i hunllef.

I feddwl ei bod hi mor hapus yn ei gwaith hyd at bythefnos yn ôl; wedi deffro un bore ar ôl y llall yn falch o gael codi a mynd yno! Ond roedd hynny cyn i Luned Einon ymuno â nhw. Nid yn unig yr oedd Luned wedi cymryd yn ei herbyn hi ac yn bachu ar bob cyfle i wneud ei bywyd yn annifyr, ond roedd hi'n gwneud ei gorau i droi pawb arall yn ei herbyn hi hefyd – *ac* roedd yn ymddangos ei bod hi'n llwyddo. Yr oedd hyd yn oed Elfed yn oerach tuag ati hi nag y bu ac yn tueddu i ochri mwy efo Luned.

Camodd o'i gwely a mynd yn syth at y calendr. O leiaf, doedd 'na ddim ond un wythnos arall o ymarferion, ond wedyn fe fyddai'r perfformiadau'n dechrau – a thair wythnos o daith! Sut oedd hi'n mynd i ddioddef y mis nesaf yng nghwmni Luned a Lewis a'r criw?

Edrychodd arni'i hun yn y drych wrth roi'r ddau sleid yn ei gwallt brown golau. Mae'n debyg y *medrai* hithau fod yn ddel tasai hi ond yn gwneud ychydig o ymdrech. Roedd ei ffrindiau wastad yn dweud bod ganddi hi wên gynnes a llygaid neis. Ond, wrth gwrs, fedrai hi *byth* gystadlu â Luned Einon!

Gohiriodd gychwyn i'w gwaith hyd at y funud olaf ac, wrth adael ei fflat, teimlai braidd fel anifail yn mentro allan o ddiogelwch ei wâl. Erbyn iddi weu ei ffordd drwy'r traffig ar gefn ei beic a chael ei dal sawl gwaith gan y goleuadau, roedd hi'n hwyr yn cyrraedd y theatr ac roedd y criw wedi dechrau ymarfer hebddi.

'*Pnawn* da, Alwen!' meddai Lewis yn goeglyd. ''Na neis iti feddwl taro mewn i'n gweld ni. Wy'n siŵr ein bod ni i gyd yn gwerthfawrogi 'na! Nawr, tybed faset ti cystal â nôl y gwydre brandi i ni gael mynd mlaen 'da'r olygfa 'ma, os gweli di'n dda? Dau wydr brandi. Un i Elfed. Un i Luned. Iawn? Yn gloi? Wel siapa' hi 'te!'

Rhuthrodd Alwen drwodd i nôl y gwydrau gan deimlo fod Lewis yn fwy annioddefol nag arfer pan oedd o'n bod yn sarcastig. Yn ôl â hi, gwydr ym mhob llaw, ond yn ei brys a'i nerfusrwydd gollyngodd un ohonynt fel roedd hi'n mynd i'w osod ar y bwrdd. Chwalodd y gwydr brandi, yn gawod o sêr bach gloyw, ar y llawr.

'Da iawn, Alwen! Da iawn!' meddai Lewis, gan guro'i ddwylo'n araf. 'Licet ti dorri'r gwydr arall hefyd? Mae croeso i ti wneud, ti'n 'bod. Mae digon o arian gan y cwmni i brynu rhagor o wydre. Torra di faint fynni di!' Yna, gan rowlio ei lygaid i'r entrychion, ychwanegodd: 'Alwen, beth yffach sy'n bod arnat ti?' a'r tro hwn roedd ei dymer i'w glywed yn sbarcio trwy'i lais.

Gwichiodd Alwen ei hymddiheuriad, ac aeth ati'n syth i godi'r darnau gwydr ac i nôl un arall. Wrth osod hwnnw ar y bwrdd cymerodd gip sydyn ar Elfed a Luned. Gwenodd y ddau arni. Ond tra bod gwên Elfed yn llawn cynhesrwydd a chydymdeimlad, roedd gwên Luned yn dangos ei bod wrth ei bodd o weld Alwen mewn helbul – ac o weld Lewis yn pigo arni am un peth ar ôl y llall.

Mor wahanol yr oedd Lewis yn trin Luned! Trwy gydol y bore roedd ei lais uchel i'w glywed yn ei chanmol hi i'r cymylau am bron bob llinell roedd hi'n ei dweud a phob symudiad roedd hi'n ei wneud. Erbyn amser cinio, roedd Alwen yn teimlo fel sgrechian pob tro roedd o'n gweiddi'n awdurdodol: '*Fine*! Lun, roedd hynna'n *wych*! Ti wedi llwyddo i gael yr *union* oslef iawn i dy lais yn y llinell yna! Roedd e'n swnio'n *wych*, cred ti fi!'

Gwyliodd Alwen Luned fel roedden nhw'n cael eu cinio. Roedd hi'n chwerthin dros bob man ar ôl i rywun ddweud jôc. Am y canfed tro, o leiaf, meddyliodd mor braf fyddai cael cyfnewid lle efo hi. Cael codi yn y bore a mynd at y drych i weld yr wyneb trawiadol yna'n edrych yn ôl arni. Cael agor drws ei wardrob i weld rhes hir o wisgoedd smart a drud. Cael mynd i'w gwaith heb ofni fod pobol am bigo arni a gwneud hwyl am ei phen hi. Cael ei chanmol yn hytrach na'i beirniadu am bopeth roedd hi'n ei wneud. Cael actio efo Elfed. Cael gobaith go-iawn o fod yn gariad i Elfed. Ie, am braf fyddai cael bod yn Luned Einon!

Ychydig iawn o amser a gafodd hi i feddwl am Luned Einon na neb arall ar ôl cinio. Roedd cymaint o waith i'w wneud fel na chafodd hi funud o lonydd wedyn ac roedd 'na nifer o bethau heb eu gorffen ar ddiwedd y pnawn. Er ei bod wedi blino, penderfynodd y byddai'n well iddi aros ar ôl a gweithio'n hwyr rhag rhoi unrhyw esgus i Lewis fod ar ei gwarthaf hi eto drannoeth. Bu wrthi'n brysur am awr arall, a chyn gadael piciodd i stafell wisgo Luned i ddanfon y siôl a adawodd hi ar ei hôl.

Roedd arogl sent drud yn llenwi'r aer yno. Caeodd Alwen ei llygaid am funud a'i anadlu. Yna agorodd ei llygaid a gwelodd ei hun yn y drych mawr ar y wal o'i blaen: ei hwyneb yn welw, ei gwallt yn daclus ond yn ddifywyd, a'r crys llac a wisgai dros ei legins yn gwneud iddi edrych yn hollol ddi-siâp. Wrth ochor y drych ar y wal, roedd llun ffantastig o Luned mewn ffrog gwddw isel. 'Sôn am wahaniaeth rhwng dwy,' meddyliodd Alwen. 'Pa ddyn yn 'i lawn bwyll fydda'n fy newis i pan fedrai o'i chael hi?'

Yna, yn y drych, sylwodd ar y ffrog yr oedd Luned yn ei gwisgo yn y llun yn hongian ar y rêl wrth ei hymyl. Trodd i edrych arni. Roedd hi'n ffrog anhygoel mewn lliw anghyffredin rhwng arian a glas. Teimlodd hi. Sidan. Doedd hi erioed wedi gwisgo unrhyw beth sidan ... Tybed sut deimlad fyddai cael sidan ar ei chroen?

Tynnodd ei chrys a'i legins a chamodd i mewn iddi. Roedd hi mor foethus ei theimlad; mor feddal – *ac* roedd ffrog Luned Einon yn ei ffitio hi, er gwaetha'r ffaith ei bod hi'n bwyta siocled ac yn cymryd llefrith a siwgwr yn ei the! Gan deimlo'i hun yn meddwi ar ryw hyder newydd, gollyngodd ei gwallt o'i sleidiau ac aeth ati i roi colur Luned ar ei gwefusau a'i llygaid a'i bochau. Yna camodd

41

yn ôl i edrych arni'i hun yn y drych eto. Dim yn ddrwg, meddyliodd. Tybed beth ddywedai Elfed tasai o'n ei gweld hi fel hyn?

Fu dim rhaid iddi aros yn hir i gael gwybod! Eiliadau'n unig yn ddiweddarach, daeth cnoc ar y drws a chlywodd lais meddal Elfed yn galw: 'Luned!' Cyn iddi gael cyfle i symud, agorodd y drws a dyna lle'r oedd o, yn sefyll o'i blaen. Am funud hir, hir, ddywedodd o ddim byd – dim ond edrych arni'n wirion fel pe bai o'n methu â chredu ei lygaid. Yna, gan ysgwyd ei ben, ebychodd ei henw hi'n dawel unwaith cyn troi ar ei sawdl a mynd.

Safodd Alwen am hir yn ei hunfan, nes y daeth rhyw gryndod drosti. Yr olwg 'na ar ei wyneb o pan welodd o hi; doedd hi ddim yn deall! Roedd o'n edrych fel pe bai o wedi gweld rhywbeth atgas a gwrthun. Fel pe bai o wedi gweld hen wrach hagr a hyll ...

❦

Dim ond diwrnod arall oedd i fynd tan y noson agoriadol, ac erbyn hyn roedd pawb dan straen. Teimlai Alwen fod Luned a Lewis am y gorau i weld bai arni, ond o leiaf nid hi oedd yr unig un dan eu llach yr wythnos yma ac roedd hynny'n rhyw gysur bach iddi. Y gwir amdani oedd bod nerfau'r criw i gyd yn reit dynn.

Doedd Elfed ddim wedi sôn gair wrth Alwen am y noson honno yn stafell wisgo Luned ac roedd ganddi hithau ormod o gywilydd o'r digwyddiad i godi'r pwnc efo fo. Ond roedd hi'n meddwl am y peth yn amal. Ganol y bore, tra eisteddai ar gwr y llwyfan yn barod i bromptio os oedd angen, aeth ei meddwl yn ôl eto i'r eiliad yr agorodd Elfed y drws a'r olwg ryfedd a ddaeth dros ei wyneb ar ôl iddo'i gweld hi'n gwisgo ffrog a cholur Luned. Pam wnaeth o edrych arni hi fel'na? Roedd Alwen yn ddwfn yn ei meddyliau pan glywodd lais Lewis o hirbell yn galw'n flin:

'Al ... wen! Iw-hŵ! Rŷn ni'n a ... ros!'

Roedd meddwl Alwen mor bell i ffwrdd fel na allai ddirnad am eiliad am beth yr oedden nhw'n aros.

'Be? Be sy?' gofynnodd yn hurt.

'Be sy, wir!' brathodd Lewis yn gas. 'Rŷn ni'n aros am brompt; dyna be sy. Ti i *fod* i bromptio, ti'n cofio? Ti'n 'bod, promptio: galw'r geirie nesa os nad yw'r actor neu'r actores yn 'u cofio nhw. Ti wedi clywed am hynny o'r blaen? Dofe wir? *Good*! Falle bod 'da ti ddyfodol yn y theatr wedi'r cyfan! Wel, dyw Luned ddim yn cofio'r geirie nesa, felly mae angen i ti ei *phromptio* hi – os nad yw hynny'n ormod i'w ofyn iti wrth gwrs.' Ac ar ôl yr araith yna, trawodd Lewis ei law yn erbyn ei dalcen yn ddramatig a dweud '*Oh God*!' yn fwy dramatig byth, gan ysgwyd ei ben.

Sylwodd Alwen ar Luned yn chwerthin – a'r eiliad honno meddyliodd tybed oedd Luned wedi anghofio ei llinell yn fwriadol ar ôl sylwi fod ei meddwl hi, Alwen, yn bell i ffwrdd. Fyddai hi ddim yn rhoi hynny heibio iddi. Iawn, meddyliodd, roedd yn rhaid gofalu na châi hi gyfle i wneud yr un peth eto, a gwnaeth ymdrech arbennig i ganolbwyntio ar yr olygfa a dilyn pob gair!

Rhyw hanner awr wedyn, o weld Luned yn hir yn ateb cwestiwn gan Elfed, gwaeddodd Alwen y geiriau nesaf: 'Na, choelia i fawr.'

Trodd Luned arni. 'Dwi'n *gwbod* mai "Na, choelia i fawr," sy nesa, Alwen!' arthiodd. 'Saib ddramatig oedd honna. Fedri di ddim deud y gwahaniaeth rhwng saib ddramatig a rhywun wedi anghofio'i leins? Lewis, roedd yn rhaid imi gymryd saib yn fanna on'd oedd?'

'Wrth gwrs, Lun; wrth gwrs 'ny!' atebodd Lewis, a gwelodd Alwen mai gwastraff amser fyddai ceisio dadlau ac amddiffyn ei hun. Doedd dim ennill i fod, waeth beth roedd hi'n ei wneud.

O'r diwedd, daeth y diwrnod hir a diflas hwnnw i ben! Hel ei phethau at ei gilydd roedd Alwen pan sylwodd fod bron i bawb wedi gadael ond Elfed a hi. Roedd o'n eistedd yn un o seddau'r gynulleidfa yn dal i ymarfer ei linellau. Teimlodd hithau fel mynd draw ato am sgwrs, ond roedd arni ofn bod yn niwsans ac yntau, efallai, eisiau llonydd i fynd dros y sgript.

Fel roedd hi'n dadlau efo hi ei hun ynglŷn â mynd ato neu beidio, clywodd sŵn sodlau *stiletto* yn nesáu ar hyd y coridor, a'r funud nesaf ymddangosodd Luned Einon ar y llwyfan. 'O El, dwi'n falch dy fod ti'n dal yma!' datganodd dros y lle yn ei llais croyw. 'Wyt ti ffansi dŵad am ddrinc bach sydyn cyn mynd adra?'

'O, sa i'n siŵr,' atebodd yntau. '*Dylwn* i fynd dros y sgript 'ma, sbo!'

'Wel, jest am ryw hannar awr o'n i'n feddwl. Ty'd. Mi neith les i ni'n dau ar ôl diwrnod calad. A ... mi o'n i isio cael sgwrs ...'

Roedd hynny'n ddigon i'w berswadio fo. Edrychodd Alwen ar y ddau yn gadael efo'i gilydd, yna prysurodd i gael ei phethau ynghyd er mwyn iddi hithau gael mynd. Gorau po gyntaf y byddai hi'n ôl yn ei fflat bach saff ei hun, wedi cau'r drws ar y byd.

Ceisiodd sleifio allan ond gwelodd Edwin hi a galwodd,

'Hwyl 'ta, Blodyn! Wela i chdi fory.' Fedrai hi ddim ateb. Cerddodd ymlaen â'i phen i lawr. 'Hei, Alwen!' galwodd Edwin eto. 'Wt ti'n iawn?'

Trodd i geisio dweud rhywbeth wrtho, ond roedd un cip ar ei wyneb caredig yn ddigon. Dechreuodd grio. A phan ddaeth Edwin ati a rhoi ei fraich am ei hysgwydd gan ofyn: 'Hei, hei, hei, be 'dy peth fel hyn? Be sy'n bod?' aeth i grio'n waeth byth.

O'r diwedd, medrodd dawelu digon i siarad. Ac o weld y cydymdeimlad ar wyneb Edwin, dyma fwrw ei bol ynglŷn â phopeth: ei theimladau am Elfed a'r ffordd roedd Lewis a Luned yn ei thrin. 'Ma'r Luned Einon 'na am fy ngwaed i ers y diwrnod cynta, Edwin,' meddai. 'Ma' hi wrth 'i bodd yn gneud i mi deimlo'n neb.'

'Hm! Cenfigen ella, 'sti.'

'*Be*?' Gwenodd Alwen drwy'i dagrau. 'Luned Einon yn genfigennus ohona *i*? Go brin! Ma' hi *mor* ddel ... mor llwyddiannus ... ma' gynni hi ddigon o bres ac mi fedar hi gal unrhyw ddyn yn y byd.'

'Hm! Faswn i ddim mor siŵr o hynny chwaith, 'sti.'

'Edwin! Deud hynna i drio 'nghysuro i ydach chi! Mi fedar dynas dlws fel'na gal *rhywun*!'

'Wel, mae'n rhaid imi anghytuno efo chdi, Blodyn! Mae hi'n dlws, ydy; fasa neb yn dadla efo hynny! Mae hi'n dlws i edrach arni hi – ar y llwyfan, ar y teledu, mewn llun. Ond unwaith yr wt ti'n dŵad i *nabod* Luned Einon a gweld hen gnawas mor galad a sbeitlyd ydy hi, dwyt ti ddim yn sylwi pa mor dlws ydy hi wedyn. A meddylia am *fyw* efo dynas fel'na, Alwen bach! Gad i mi 'i roid o fel hyn: cheith y Musus acw byth mo'i llun ar glawr *Vogue*, ond ffeiriwn i mohoni hi am y Luned Einon 'na am bris yn y byd!'

Ar ôl y gollyngdod a gafodd ar ôl crio, a'r sgwrs efo Edwin wedyn, teimlai Alwen yn well o'r hanner wrth reidio'i beic yn ôl i'w fflat. Roedd 'na synnwyr yn yr hyn yr oedd Edwin yn ei ddweud, meddyliodd, wrth aros o flaen set o oleuadau. Os oedd Luned yn hardd, roedd hi'n berson gwirioneddol annymunol a siawns nad oedd Elfed hefyd yn gweld hynny. Ac os oedd o wedi derbyn ei gwahoddiad hi i fynd am ddiod heno, wnaeth o ddim neidio at y cynnig – a hi *ddaru* ofyn iddo fo! Efallai ei fod o'n eistedd mewn rhyw dafarn y funud honno yn gwrando arni hi'n cwyno ac yn dyheu am gael dianc a chael ei draed yn rhydd.

Ar hynny, digwyddodd sylwi ei bod wedi aros yn union y tu allan i'r bwyty Cantonïaidd newydd 'na oedd wedi agor yn ddiweddar. Clywodd ganmol mawr i'r bwyd. Trodd i gael golwg well ar y lle a dyna pryd y gwelodd hi'r cwpwl a eisteddai ger y bwrdd wrth y ffenest. Roedd eu dwylo nhw wedi'u plethu yn ei gilydd ar y bwrdd ac roedd hi'n syllu i fyw ei lygaid o ac i'w gweld yn siarad yn ofnadwy o ddwys. Luned oedd hi ac Elfed oedd o.

❦

O'r diwedd, wedi'r holl baratoadau a gwaith a phoeni, roedd y noson fawr wedi cyrraedd, a'r theatr yn llenwi yn brysur iawn.

Roedd gan Alwen nifer o fân drefniadau munud olaf i'w cwblhau – ac felly roedd hi orau, meddyliodd. Roedd yn well iddi lenwi ei meddwl â gwaith yn hytrach nag arteithio'i hun trwy ferwi'i phen am Elfed a Luned. Yn amlwg roedd ymdrechion caled Luned i'w fachu o wedi talu, a rŵan byddai'n rhaid iddi hithau ddioddef eu gweld nhw efo'i gilydd nes deuai'r cynhyrchiad i ben.

Aeth y perfformiad rhagddo fel breuddwyd. Roedd y cast i gyd ar eu gorau, ac Elfed a Luned yn wych yn y ddwy brif ran. Doedd dim angen yr un prompt heno, a daeth pob ciw sain a goleuo ar yr union amser iawn. Yr oedd cymeradwyaeth fyddarol y gynulleidfa ar y diwedd yn goron ar eu hymdrechion nhw i gyd.

Ar ôl y perfformiad, roedd pawb yn gwneud ffŷs fawr o Luned, fel y gweddai i'r brif actores! Gwyliodd Alwen hi'n cael cawodydd o flodau a chardiau a chusanau, ac aeth i deimlo'n eithaf cenfigennus ohoni eto fyth. Yn enwedig o'i gweld hi'n sefyll wrth ochor Elfed a'r ddau ohonyn nhw'n derbyn llongyfarchiadau pawb efo'i gilydd. Nid am y tro cyntaf, sylwodd cwpwl mor smart oedden nhw. Ie, efo Luned roedd o'n perthyn, nid efo hi!

Roedd y cwmni cyfan yn yr hwyliau gorau – a hyd yn oed Lewis yn ymylu ar fod yn annwyl, gan ei fod mewn tymer mor dda! 'Iawn 'te, pawb drwodd i'r stafell werdd!' gwaeddodd dros leisiau pawb arall. 'Dewch i ni gael dathlu 'da diferyn o siampên!'

Safodd Alwen o'r neilltu wrth weld y lleill i gyd yn dylifo drwodd i'r parti. Ar bob achlysur tebyg yn y gorffennol roedd hi wedi bod yno, yn eu canol nhw, ond heno teimlai'n hollol chwithig a heb fod yn rhan o'r hwyl. Penderfynodd dacluso'r llwyfan yn barod erbyn trannoeth – ac yna ei throi hi am adref yn o chwim!

Ar ôl gorffen clirio, arhosodd am funud yn yr hanner tywyllwch a meddwl dros ddigwyddiadau'r wythnosau a aeth heibio. Cofiodd y bore cyntaf hwnnw i Elfed gerdded ar hyd y coridor ac ar y llwyfan, a dod i'w helpu hi i farcio'r llawr. Yna roedd Lewis wedi cyrraedd, ac wedyn Luned. Cofiodd yr holl droeon hynny yr oedd Elfed wedi bod yn garedig ac yn gyfeillgar wrthi, a'r holl droeon yr oedd Lewis a Luned wedi bod yn sarcastig ac yn gas.

Y tro hwn, chlywodd hi mo'r sŵn traed ar y coridor. Y peth cyntaf a glywodd hi oedd llais meddal, cyfarwydd, yn dweud ei henw. Trodd, a dyna lle'r oedd Elfed a gwydr siampên yn ei law.

'Alwen,' meddai eto, "ti ddim am ddod drwodd i'r parti?'

Cochodd Alwen yn syth. 'Na, dwi ... dwi wedi blino braidd,' atebodd. 'O'n i jest ... jest isio gorffan clirio ... cyn mynd.'

'O! Ond pam na ddoi di am funed? 'Sdim rhaid iti aros yn hir os ŷt ti wedi blino. Jest der draw am ychydig. Mae pawb 'na.'

'Na, wir ... mi fasa'n *well* gin i fynd adra. Ond paid â gadal i mi dy gadw *di* rhag mynd yn ôl at y lleill ... ac ... at ... Luned.'

'*Luned*! I beth yffach wy moyn gweld rhagor o Luned? Mae'n ddigon gorffod gwithio 'da hi trwy'r dydd a thrwy'r gyda'r nos!'

Edrychodd Alwen arno'n wirion. 'Ond ... ond ... mi o'n i'n meddwl 'ch bod chi'n mynd allan efo'ch gilydd!' meddai o'r diwedd.

'*Beth*? Fi'n mynd mas 'da Luned? Beth wnaeth iti feddwl 'ny?'

'Wel mi welis i chi. Neithiwr. Yn y lle byta Cantonïaidd newydd 'na.'

'O! Wel, 'i syniad hi oedd 'na. Fe ofynnodd hi i fi fynd mas am ddrinc 'da hi a wedi 'ny fe wedodd hi 'i bod hi'n moyn cael sgwrs ac awgrymu'n bod ni'n cael pryd o fwyd. Dylen i fod wedi meddwl am beth fydde'r "sgwrs". Doedd e'n ddim ond esgus i drial fy nghael i i fynd mas 'da hi.

'O'n i'n sylweddoli 'i bod hi ar f'ôl i ers sbel, wrth gwrs, ac roedd hi'n sefyllfa anodd ti'n 'bod, Alwen. O'n i ddim moyn cwmpo mas 'da hi achos ro'n i'n gorffod gwithio 'da hi. Yr un pryd, o'n i'n trial 'i chadw hi led braich i ffwrdd. Nithwr, wedi iddi hi 'nghornelu i, fe wedes i rhyw rwtsh 'i bod hi'n well i ni gadw'n perthynas ni'n broffesiynol neu fe allai e amharu ar ein gwaith ni. Doedd hi ddim yn bles iawn, mae'n rhaid gweud, ond rwy'n credu 'i bod hi wedi derbyn pethe nawr, 'ta beth.'

Yn sydyn, dechreuodd chwerthin. 'Hei, o't ti ddim yn credu o ddifri 'mod i'n mynd mas 'da hi, oeddet ti? Yffach dân, fe fydde hi wedi'n hala i mas o 'ngho mewn dwy funed! Yr unig fath o ddyn alle fynd mas 'da'r fenyw '*na* fydde masocist; wy'n gweud wrthot ti!'

Yna, yn dawelach o lawer, meddai: 'Na, merch wahanol iawn, iawn wy'n moyn mynd mas 'da hi – ac rwy'n credu bod Luned yn sylweddoli hynny 'ed. Dyna un rheswm pam oedd hi mor gas 'da ti.'

Mewn fflach, daeth pwt bach o'i sgwrs efo Edwin yn ôl i feddwl Alwen. Beth ddywedodd o hefyd wedi iddi sôn bod Luned Einon am ei gwaed hi, ac wrth ei bodd yn gwneud iddi deimlo'n neb? 'Hm! Cenfigen ella, 'sti.' Roedd o'n ymddangos yn beth mor chwerthinllyd i'w ddweud ar y pryd, ond rŵan roedd o'n gwneud mwy o synnwyr ac roedd llawer o bethau'n dechrau syrthio i'w lle.

Pan roddodd Elfed ei wydr siampên i lawr a'i thynnu hi ato fo'n dyner gan ddweud ei fod yn gobeithio na fyddai hi byth yn newid, teimlai Alwen mai breuddwydio roedd hi. A phan gusanodd o hi wedyn, roedd y cyfan i'w weld yn fwy afreal byth. Y drwg oedd ei bod hi wedi breuddwydio am hyn gymaint o weithiau fel ei bod yn ei chael hi'n anodd iawn credu ei fod yn digwydd go-iawn.

Rywle yn y pellter, clywodd sŵn sodlau *stiletto*, a llais clir fel cloch yn dweud: 'Wel, wt ti isio dŵad draw i fy lle fi 'ta?'

Edrychodd dros ysgwydd Elfed – a gwelodd Luned Einon yn croesi'r llwyfan o ochor y stafell werdd draw am y coridor a'r drws cefn allan. Beth ddywedodd Elfed funud yn ôl? 'Yr unig fath o ddyn alle fynd mas 'da'r fenyw *'na* fydde masocist!' Wel, roedd hi wedi llwyddo i ddod o hyd i fasocist yn rhywle, meddyliodd Alwen, achos gallai weld braich rhywun am ei chanol a chlywed llais gwrywaidd yn sibrwd rhywbeth yn ôl. Fel y daeth y ddau i ran mwy golau o'r llwyfan, cafodd Alwen gyfle i weld y fraich yn well. Adnabu hi'n syth: braich ddenim Lewis!

'Hei, Elfed, sbia! Ma' Luned yn gadal efo Lewis!' sibrydodd.

Trodd Elfed i gael cip ar y ddau yn diflannu am y coridor.

'Wel, wel!' meddai yntau. 'Whare teg i'r hen Lewis! Ma' fe wedi gwithio'n galed iawn i'w chael hi, on'd yw e, a sa i'n gallu meddwl am unrhyw ddyn fydde'n haeddu Luned Einon yn well!'

MÔR O GARIAD

Yr oedd Menai wedi bod i ffwrdd am yn agos i flwyddyn. Ond heddiw, a'r tacsi'n troelli ar hyd y ffordd gul rhwng Garnderi ac Abercrai, teimlai fel pe na bai wedi bod i ffwrdd erioed. Roedd hi'n nabod yr ardal yma i gyd mor dda: pob tro yn y ffordd, pob tŷ – a phob coeden a pherth, bron – o'i phoptu.

Tra oedd y tacsi'n gweu ei ffordd trwy ganol y wlad roedd hi'n weddol ddiddig. Ond unwaith y dechreuodd o ddringo'r allt serth a arweiniai at Abercrai, teimlodd ei hun yn tynhau. Unrhyw funud rŵan, meddyliodd, fe fydd-ai'n dod i'w olwg o unwaith eto. Ar hynny, llithrodd y car rownd tro arall – a dyna lle'r oedd o, yn las llathraidd o'i blaen. Y môr. A heddiw, roedd o mewn hwyliau da, yn wincio'n aur ac yn arian wrth fflyrtio efo'r haul.

O'r eiliad cyntaf iddi ei weld eto, fedrai hi ddim tynnu ei llygaid oddi arno. Oedd, sylweddolodd, roedd yr hen swyn wedi gafael ynddi unwaith yn rhagor; roedd magned y môr mor gryf ag erioed. Pan oedd y tacsi hanner y ffordd i lawr i waelod y pentref a'r harbwr, clywodd ei hun yn gweiddi'n sydyn ar y gyrrwr:

'Fedrwch chi stopio'n fama, plîs? Dwi am fynd lawr yn fan hyn.'

'Ond 'dan ni ddim wedi cyrradd Stryd Angor eto,' ateb-odd hwnnw.

'Naddo, dwi'n gwbod. Does dim ots. Mi fydd fama'n iawn i mi.'

Tynnodd y tacsi i'r ochor a thalodd Menai i'r gyrrwr. Roedd ei chês braidd yn drwm, er nid yn rhy drwm iddi fedru ei gario y pum canllath arall i'r pentref pan fyddai hi'n barod i fynd yn ei blaen. Ond fyddai hynny ddim am sbel. Ychydig gamau i lawr o'r ffordd, roedd 'na fainc wedi'i gosod uwchlaw'r môr lle'r oedd yr olygfa o'r bae ar ei mwyaf trawiadol. Y fainc honno lle'r oedd ei henwau hi a Hefin wedi eu naddu yn y pren. Anelodd Menai amdani. Câi gyfle i sadio rhywfaint arni'i hun yn y fan honno a cheisio dygymod â bod wrth ymyl y môr unwaith eto cyn mentro i'r pentref a wynebu pobol. Un cam ar y tro oedd piau hi.

Gyferbyn â hi, ar drothwy'r traeth, roedd y tŷ lle cafodd ei magu. Y stafell yna a'i ffenest yn agored oedd ei stafell hi. Yno y byddai'n cael ei suo i gysgu bob nos pan yn blentyn gan hwiangerddi'r môr.

Drws nesaf ond tri yn yr un teras, roedd tŷ Hefin. O'r drws coch yna y byddai o'n dod allan i chwarae efo hi pan oedden nhw'n blant. Cofiodd fel y byddai'r ddau yn adeiladu cestyll o dywod ac yn hel cregyn i'w haddurno, neu'n rasio ei gilydd ar hyd y traeth i'r môr dim ond i droi'n ôl gan sgrechian chwerthin pan ruthrai'r ewyn gwyn gwyllt i'w cyfarfod a goglais eu traed.

'Reit 'ta'r morloi! Pwy sy isio reid ar 'y nghefn i?' galwai ei thad. Un o hoff bethau Menai a Hefin fel ei gilydd pan yn blant oedd cael reid ar gefn tad Menai yn y môr nes bod eu traed yn cael eu tynnu'n ysgafn trwy'r tonnau. Yr unig beth diflas, meddyliai Menai, wrth sefyll ar y traeth yn aros ei thro, oedd na fedrai o ddim ond mynd ag un ohonyn nhw ar unwaith. Ond wedyn, roedd hi wedi hen arfer rhannu ei thad efo Hefin. Llongwr oedd ei dad o, ac roedd o i ffwrdd yn amlach nag oedd o gartref. Pysgotwr oedd ei thad hi, ac roedd o o gwmpas o hyd. Dyn tal, cryf oedd o, yn llawn hwyl a direidi. Y fo oedd arwr mawr Hefin – ac, yn sicr, y fo oedd ei harwr mawr hi.

''Na chi! Ciciwch fel llyffantod! Da iawn!' gwaeddai wrth eu dysgu nhw ill dau i nofio. Dysgodd nhw i snorclio ac i ddeifio hefyd, ac i nofio dan y dŵr. Ambell dro, âi â nhw i weld y Bad Achub yn ei gwt ar y trwyn ac adroddai hanes ei anturiaethau ar y môr fel un o'r criw wrth ddau wrandawr astud. Dro arall âi â nhw allan yn ei gwch, ac un o atgofion melysaf Menai oedd dod yn ôl ar ddiwedd y dydd ar hyd llwybr yr haul wedi blino'n braf, a'r môr yn siglo'r cwch yn ofalus, fel mam yn siglo crud.

Roedd hi'n ffrindiau efo'r môr bryd hynny. Cofiodd fel y byddai'n wincio arni ar ddiwrnodau heulog, yn union fel roedd o'n gwneud heddiw. Cofio hefyd fel y byddai'n lapio ei donnau'n dyner amdani ar ddiwrnodau tawel, braf. Yn chwarae cuddio efo hi ar ddiwrnodau niwlog. Yn dawnsio iddi ar ddiwrnodau gwyntog. A hyd yn oed pan fyddai o'n rhegi ac yn bytheirio ar ddiwrnodau stormus, wnaeth hi erioed deimlo ei fod o wedi gwylltio *efo hi*. Na, ei ffrind mawr hi oedd y môr trwy gydol ei phlentyndod – hyd at y diwrnod hwnnw ddeuddeng mlynedd yn ôl.

Cofiai Menai y diwrnod mor dda. Roedd o wedi dechrau fel cymaint o ddiwrnodau eraill, yn ddigon digyffro. Ac eto … yn fuan ar ôl iddi ddeffro, roedd hi wedi cael rhyw hen deimlad rhyfedd bod rhywbeth yn wahanol ynglŷn â'r diwrnod hwn. Dim ond deg oed oedd hi ond roedd hi wedi arfer cael hen deimladau rhyfedd cyn i bethau ddigwydd ers pan oedd hi gryn dipyn yn iau.

Roedd hi'n fore braf a'r awyr a'r môr i'w gweld yn gytûn ac yn dawel. Bu Hefin a hithau'n chwarae cuddio ymysg y cychod yn yr harbwr ac yna'n claddu ei gilydd mewn beddau o dywod ar y traeth.

Ar ôl cinio, dechreuodd ddylu. Ar ôl te, cododd yn storm. Yna, toc wedi pump, dyna ergyd yn rhwygo'r awyr. Cofiodd ei mam yn gweiddi: 'O na! Mae 'na rywun mewn helynt ar y môr!' a'i thad yn rhuthro o'r tŷ ac yn prysuro am gwt y Bad Achub. Roedd ei mam a hithau wedi sefyll yn y drws am hir yn edrych ar ei ôl; wedi aros yno nes i'r cwch cryf fynd yn ddim yn y niwl. Yna'n sydyn, roedd yr hen deimlad rhyfedd hwnnw wedi cau amdani'n dynn.

'Mi fydd o'n iawn, Mam, yn bydd?' gofynnodd yn llawn pryder.

'Bydd, wrth gwrs, 'mach i,' atebodd ei mam. Ond sylwodd Menai fod ei llais yn crynu, ac roedd hi'n ddigon hen i ddeall bod arni hithau ofn. 'Wn i! Be am i ni fynd i'r tŷ i chwarae gêm, Menai?' cynigiodd. *Draughts* chwaraeon nhw. Roedd hi'n cofio hynny. Cofio hefyd nad oedd meddwl y naill na'r llall ar y sgwariau bach du a gwyn! Yna'n raddol, aeth y teimlad trwm, annifyr, i bwyso ar Menai cymaint nes iddi deimlo ei bod ar fygu. Gwthiodd y gêm o'r neilltu, a dechreuodd grio dros y lle.

'Dyna ni; dyna ni, 'mach i,' ceisiodd ei mam ei chysuro. 'Mi fydd o'n iawn, mi gei di weld. Mi fydd o'n ôl rŵan cyn bo hir.'

Rhuthrodd y ddwy i'r traeth pan ddaeth y cwch yn ei ôl o'r diwedd – ond fedrai Menai yn ei byw weld unrhyw olwg o'i thad. Yna, sylwodd fod y dynion yn cario rhywun ar strejar. Rhedodd i'w cyfarfod. 'Paid ag edrach, 'mach i!' meddai un ohonyn nhw wrthi – ond yn rhy hwyr. 'Dad!'

sgrechiodd Menai. Ie, ei thad oedd yn gorwedd yno, yn llwyd ac yn llonydd, wedi ei ladd gan y môr.

Wrth eistedd ar y fainc uwchben y môr yn ail-fyw y cyfan, teimlodd Menai frathiadau bach o euogrwydd o feddwl amser mor anodd fu hwnnw i'w mam. Dyna lle'r oedd hi, yn wraig weddw reit ifanc a hithau, Menai, ei hunig blentyn, fel cacwn o gas. Nid efo'i mam roedd hi'n flin go-iawn, wrth gwrs; efo'r môr roedd hi wedi gwylltio. Ond sut fedrai hi droi ar hwnnw a gwneud iddo dalu am ei droseddau? Pwy byth fedrai frifo'r môr yn ôl? Felly, dyna droi ar ei mam, oherwydd roedd yn rhaid iddi gael bwrw'i llid ar rywun. 'Mi *ddudist* ti y basa fo'n dŵad yn ôl yn saff, Mam!' bu'n lliwied iddi. 'Mi *ddudist* ti y basa fo'n dŵad yn ôl!'

Y diwedd fu i'w mam benderfynu mai symud fyddai orau iddyn nhw. A dyna adael Abercrai am Lanonnen ddi-wymon, ddi-wylan yng nghanol y tir. Cafodd ei mam waith ac, o dipyn i beth, setlodd y ddwy yn eu cartref newydd, er bod Menai'n dal i feddwl ac i freuddwydio'n amal am y tŷ ar y traeth. Ac am y môr. Roedd hi'n ei gasáu o gymaint ac eto'n ei golli o gymaint yr un pryd.

Medrodd ymatal rhag mynd ar ei gyfyl o am wyth mlynedd, nes ei bod yn ddeunaw. Ac efallai na fyddai hi wedi mynd wedyn chwaith oni bai i'w mam benderfynu ail-briodi a symud i Lundain i fyw. Y cynllun gwreiddiol oedd i Menai fynd efo hi – ond teimlai fod un peth yr oedd yn rhaid iddi ei wneud cyn gadael Cymru. Byddai'n rhaid iddi fynd yno unwaith yn rhagor, a ffarwelio am y tro olaf: mynd i Abercrai a ffarwelio efo'r môr.

Dim ond am ychydig ddyddiau yr oedd hi wedi bwriadu aros ond, ar ôl un cip arno eto, roedd hi fel pysgodyn wedi'i rwydo. Er gwaethaf popeth teimlai mai yno, wrth ei ymyl, oedd yr unig le roedd arni eisiau bod. Ac os oedd un rhan fechan ohoni yn teimlo fel dianc, tawelodd hwnnw ar ôl iddi weld Hefin eto. Rhyngddyn, roedd o a'r môr wedi'i chadw hi yno am dair blynedd. A rhyngddyn, flwyddyn yn ôl, roedd o a'r môr wedi'i gyrru hi i ffwrdd. Ie, o'u herwydd nhw roedd hi wedi gadael: Hefin a'r môr.

❦

Cofiodd eto y tro cyntaf hwnnw iddi weld Hefin ar ôl iddi fod i ffwrdd am wyth mlynedd yn Llanonnen. Ie, deunaw oed oedd hi bryd hynny, a dyma hi rŵan yn ddwy ar hugain yn dod yn ôl am yr ail waith. Roedd hi wedi cyrraedd Abercrai yn hwyr yn y pnawn fel heddiw ac wedi mynd am dro i'r traeth i geisio dygymod â'r môr unwaith eto; y môr a oedd wedi ei digio hi gymaint, ac eto y bu ganddi'r fath hiraeth ar ei ôl ers symud i ffwrdd. Sefyll â'i chefn ato yn wynebu'r tŷ lle cafodd ei magu ac yn hel atgofion yr oedd hi pan agorodd drws coch y tŷ drws nesaf ond tri. Camodd gŵr ifanc tal, cydnerth allan. Roedd ganddo liw haul dwfn ar ei groen, llygaid brown tywyll a mop o wallt cyrliog du.

Edrychodd Menai arno mewn syndod. 'Hefin!' meddyliodd! Mae'n rhaid mai Hefin oedd o! Hefin, ffrind ei phlentyndod, wyth mlynedd yn hŷn.

'Hefin!' galwodd, a rhedeg tuag ato. Arhosodd yntau. Yna, am funud hir, syllodd arni fel pe na bai erioed wedi'i gweld hi o'r blaen.

'Hefin! Dwyt ti ddim yn fy nghofio fi?' gofynnodd o'r diwedd. Doedd bosib ei bod hi wedi newid cymaint â hynny, hyd yn oed os oedd ei gwallt hir, melyn, bellach wedi'i dorri mewn bob cwta syth.

Ar hynny, ysgydwodd Hefin ei ben mewn rhyfeddod. 'Menai?' meddai. 'Menai! Be ar wynab y ddaear wt ti'n 'i neud yn fan hyn?'

'Wel ... a deud y gwir, ma' hi'n stori braidd yn hir.'

'Wel gwranda, dwi ar fin mynd draw i'r *Ship* am beint. Wyt ti'n ffansi dŵad efo fi? Mi gawn ni gyfla i gal sgwrs yn fanno.'

'O, iawn,' atebodd Menai. 'Mi faswn i wrth fy modd.'

Cafodd noson ddifyr iawn yn y *Ship* wrth i bawb yn ei dro ei nabod hi a dod draw i'w chroesawu. 'Menai! Sut wt ti?' 'Rargol fawr, sut ma' hi erstalwm iawn?' meddai un hen ffrind ar ôl y llall. Ond Hefin oedd yn mynnu ei sylw hi fwyaf. Roedd o wedi mynd mor olygus! Câi drafferth i dynnu ei llygaid oddi arno ac roedd hi'n falch o weld ei fod yntau'n cael trafferth i dynnu ei lygaid oddi arni hi. Ac nid golygus yn unig oedd o chwaith. Roedd o'n glên ac yn gyfeillgar, ac yn gwmni da iawn.

'Wel, Hefin,' meddai wrth iddo'i danfon hi'n ôl i'r gwesty, 'dwi'n falch ein bod ni wedi cyfarfod eto – ac o weld dy fod ti dipyn cleniach erbyn hyn nag oeddat ti y tro dwaetha imi dy weld ti!'

'O, paid â sôn!' meddai yntau, gan roi ei law ar ei dalcen ac ysgwyd ei ben. 'Mi o'n i'n gobeithio dy fod ti wedi anghofio am hynny!' Chwarddodd – ond nid heb swnio ychydig yn chwithig.

Chwarddodd Menai hefyd wrth gofio'r diwrnod y gadawodd ei mam a hithau Abercrai – er mai crio wnaeth hi ar y pryd! Roedd hi wedi mynd i chwilio am Hefin i ddweud ffarwél ond doedd dim golwg ohono fo'n unman. Doedd hynny ddim yn beth anarferol gan fod Hefin wedi bod yn ymddwyn yn od ers i'w thad hi foddi a thueddai i ddiflannu am oriau ar ei ben ei hun. Fel arfer byddai Menai'n gadael llonydd iddo, ond roedd heddiw'n wahanol.

Ar ôl chwilio'r harbwr a'r traeth, aeth draw am y twyni tywod. A dyna lle clywodd rhyw sŵn yn dod o ganol y gwellt hir. Aeth yno i fusnesu – a gweld Hefin yn gorwedd ar ei hyd yn crio.

'Hefin!' meddai, wedi dychryn. 'Be ... be wt ti'n neud yn fama?'

Cododd Hefin ei ben, ei wyneb yn brawf ei fod wedi bod yn crio ers hydoedd. Yn sydyn, daeth dicter i lenwi'i lygaid brown.

'Cer o'ma!' gwaeddodd arni'n gas. 'Cer o'ma! Gad lon-ydd imi!'

Wnaeth Menai ddim ond sefyll yno'n syfrdan am funud yn methu â deall beth oedd wedi digwydd i Hefin, ei ffrind gorau, o bawb.

'Dwi'n *falch* dy fod ti'n mynd o'ma i fyw!' arthiodd arni wedyn, 'a dwi'n gobeithio na ddoi di *byth*, *byth* yn ôl!' Ac o weld nad oedd hynny chwaith am wneud iddi symud, dechreuodd ei phledu â llond ei ddyrnau o dywod a gwellt. Trodd Menai ar ei sawdl yn syth a rhedodd am adref, ei dagrau'n ei dallu a'i thagu. Dyna'r tro diwethaf iddi ei weld o cyn mynd i ffwrdd. Ar ôl y fath gyfeillgarwch, nid fel ffrindiau y dywedon nhw ffarwél!

'Hen ddiawl bach o'n i 'te?' meddai Hefin wrth iddyn nhw gyrraedd drws y gwesty. 'Ond mi oedd o'n amser anodd i mi, 'sti. Peth ofnadwy i blentyn ydy colli 'i arwr, a wedyn pan glywis i dy fod *ti*'n symud, wel ... roedd hi'n ddiwadd y byd! A does 'na'r un hogyn deuddag oed yn licio cal 'i ddal yn crio! Beth bynnag, ella 'i bod hi braidd yn hwyr i'w ddeud o rŵan, ond gwell hwyr na hwyrach meddan nhw! Felly ... wel ... sori!' Gwenodd i fyw ei llygaid.

'Mi dria i fadda i chdi,' atebodd Menai gan wenu arno'n ôl. A phan drodd eu gwenau'n gusan gynnes, roedd hynny'n teimlo fel y peth mwyaf naturiol yn y byd i'r ddau.

'Be 'dy dy blania di am fory 'ta?' gofynnodd Hefin ymhen dipyn.

'O, dim ond mynd o gwmpas a galw i weld un neu ddau o bobol.'

'Be am gyfarfod am ginio 'ta?'

'Grêt. Mi ddo i draw acw tua un.'

O'r awr ginio honno ymlaen, treuliodd Hefin bob munud sbâr yng nghwmni Menai ac, er gwaethaf yr hyn a ddigwyddodd yno wyth mlynedd ynghynt, cafodd hi'r teimlad cryf mai yno roedd ei gwreiddiau; mai yno roedd hi'n perthyn: yno, ar fin y môr, efo fo.

'Fedra i ddim coelio'i bod hi'n amsar imi fynd yn ôl fory'n barod,' meddai Menai wrth i'r ddau eistedd ar y twyni ar ei noson olaf hi yno. 'Ma'r tri dwrnod dwaetha 'ma wedi mynd fel y gwynt.'

'Ydyn, dwi'n gwbod. Fel'na ma' hi pan ma' rywun yn hapus, 'te?'

Yna tawelodd y sgwrs, a difrifolodd Hefin. 'Menai,' meddai o'r diwedd, a'i lais yn crynu mymryn, 'dwi isio deud rwbath. Mi o'n i isio'i ddeud o wyth mlynadd yn ôl, ond fedrwn i ddim radag hynny. Felly, dwi am drio'i ddeud o rŵan ... Plîs paid â mynd!'

'Ocê!' meddai Menai ar ei ben, a chwerthin o weld y syndod ar wyneb Hefin ar ôl iddi gytuno mor sydyn. ''Sdim angan fawr o berswâd arna i, Hefin! Ti'n gweld, yn fama efo chdi dwi isio bod.'

59

Yn rhyfedd iawn, roedd o fel petai hi i *fod* i aros yno. Cyn pen dim, cafodd wybod bod angen rhywun i weithio yn salon trin gwallt Tonnau yn y pentref – a hithau newydd gwblhau cwrs mewn trin gwallt yn y Tec yn Llanonnen ddeufis ynghynt. Ceisiodd am y swydd a chafodd hi'n syth. Yna, clywodd fod fflat bychan, llawn cymeriad, yn cael ei osod ar rent uwchben y siop ar sgwâr y pentref. Aeth i weld y perchennog a threfnwyd iddi symud i mewn ar ddiwedd y mis. Teimlai nad oedd raid iddi boeni am ei mam gan ei bod hi ar fin dechrau bywyd newydd yn Llundain efo gŵr newydd. Roedd popeth yn ei bywyd wedi syrthio'n dwt i'w le.

Wnaeth hi ddim difaru symud i Abercrai. Roedd hi wrth ei bodd yn byw ac yn gweithio yno, ac roedd cael Hefin yn gariad yn goron ar bob dim. Dyfnhaodd a chryfhaodd eu perthynas efo'r misoedd a theimlai Menai'n amal ei bod wedi darganfod ei hanner arall hi'i hun. Roedd hi'n hapusach nag y bu yn ei bywyd o'r blaen.

'Oes 'na rwbath yn bod, Menai?' gofynnodd ei mam ar y ffôn un noson. 'Mi wt ti'n swnio'n fflat braidd. Ydy popeth yn iawn?'

'Ydy,' atebodd hithau, 'A deud y gwir, ma' bob dim yn berffaith. Yr unig beth sydd … wel, fedra i ddim peidio teimlo nad ydy bob dim yn *rhy* berffaith, ac na fedar o byth bara. Dwi mor hapus ac eto mae arna i ofn i rwbath ddigwydd i chwalu hyn i gyd …'

Daeth ei hofnau'n wir un nos Wener. Pan alwodd Hefin amdani yn y salon ar ei ffordd adref o'i waith yn yr iard gychod, fe sylwodd ar unwaith ei fod o'n edrych yn falch iawn ohono'i hun.

'Reit 'ta, Hefin; deud!' meddai. 'Pam wt ti'n edrach mor hapus?'

'Dwi wedi cal fy newis i fod ar griw'r Bad Achub!' atebodd.

Y munud hwnnw teimlodd Menai ei chalon yn troi'n dalp o rew.

☙

O wybod mor bwysig oedd cael ymuno â thîm y Bad Achub i Hefin, gwnaeth Menai ymdrech galed i gadw'i hofnau iddi hi'i hun. Yr un pryd, fedrai hi ddim ffugio brwdfrydedd ynglŷn â'r peth chwaith.

'Be sy'n bod, Menai?' gofynnodd Hefin un noson wrth iddyn nhw eistedd yn y *Ship*, ar ôl iddo fo fod yn ymarfer efo'r criw.

'Dim byd!' atebodd hithau, heb fod yn siŵr oedd hi'n barod i drafod y mater. 'Dwi jest yn teimlo wedi blino; dyna i gyd!'

Bu saib am funud. Yna meddai Hefin: 'Mi wt ti wedi "blino" bob tro y bydda i'n mynd i ymarfar efo'r Bad Achub yn dwyt? Dwi wedi sylwi nad oes 'na byth lawar o hwylia arnat ti ar ôl i mi fod.'

'Wel, olreit, nac oes. Poeni ydw i, Hefin! Poeni amdanat ti. Mae arna i gymaint o ofn i rwbath ddigwydd iti allan ar y môr.'

'Twt! Be ddigwyddith i mi? Dim criw o hogia bach gwirion yn chwara o gwmpas mewn dingi ydan ni! 'Dan ni i gyd yn ddynion cry, call, ac ma' pob un ohonan ni'n nabod y môr fel cledar 'i law.'

'Ella dy fod ti a'r lleill yn *meddwl* 'ch bod chi'n nabod ac yn dallt y môr, Hefin, ond cofia – dydy'r môr byth yn dryst!'

'Nac ydy, a dyna pam y mae'n well i griw o hogia fel ni, sy wedi cal 'n magu wrth 'i ymyl o ac sy'n nofio fel pysgod ers pan 'dan ni'n ddim o betha fynd i'w daclo fo os bydd rhywun mewn peryg.'

'Pwy fedra nofio'n well na Dad? Ac yli be ddigwyddodd iddo fo!'

'Ia, dwi'n gwbod, Menai. A dwi'n dallt pam fod arnat ti ofn. Ond tydy'r ffaith fod dy dad wedi boddi pan oedd o allan efo'r Bad Achub ddim yn golygu fod yr un peth am ddigwydd i mi. Dwi'n berson arall, ac mae'r cwch newydd yma sy gynnon ni saith gwaith cryfach na'r un oedd yma yn amsar dy dad. Chdi sy'n ofargoelus.'

'Ia, mae'n debyg! Ond ... ti'n gweld, Hefin, mi oedd colli Dad yn ddigon. Dwi'n meddwl y baswn i'n drysu taswn i'n dy golli di 'fyd.'

Gwenodd Hefin. 'Cholli di mohona i ar chwara bach,' meddai'n gellweirus, a'i thynnu hi ato. Ac wrth swatio yno, yn gynnes ac yn saff yn ei freichiau, o'r diwedd teimlodd Menai ei hofnau'n toddi'n ddim. Ie, bod yn ofergoelus oedd hi. Roedd hi'n meddwl y byd o'i thad, ond roedd hi wedi ei golli o i'r môr. Rŵan ei bod hi mewn cariad efo Hefin, roedd arni ofn ei bod am ei golli yntau i'r môr hefyd – ond, wrth gwrs, doedd hynny ddim yn dilyn. Teimlai'n well ar ôl trafod y peth efo fo a gwyntyllu ei hofnau ac, ar ôl hynny, aeth ei phryderon i gysgu – am sbel.

Pnawn mwll o Awst oedd hi. Roedd Menai wrthi'n lliwio gwallt Mrs Jones, Hafan, un o'u cwsmeriaid cyson yn y salon, a honno'n pendwmpian cysgu o flaen y drych. Yn sydyn, craciodd ergyd uchel yr aer swrth. Neidiodd Menai a Mrs Jones fel ei gilydd mewn braw.

'O diar! Be oedd hynna 'dwch, Menai bach?' holodd Mrs Jones.

Prin fedrai Menai ei hateb; roedd hi'n crynu cymaint. 'Y Bad Achub!' meddai o'r diwedd, a'i cheg yn sych grimp. 'Y Bad Achub yn cal 'i alw allan. Ma' 'na rywun mewn helynt ar y môr!'

Roedd hi'n methu'n lân â chanolbwyntio ar ei gwaith ar ôl hynny. Wrth droi gwreiddiau gwyn gwallt Mrs Jones yn frown, teimlai fel pe bai ganddi ddwy law chwith. Yna, bu'n rhaid iddi roi pyrm i gwsmer arall a gwneud y mân siarad arferol: gofyn i ble roedd hi'n mynd ar ei gwyliau er nad oedd affliw o ots ganddi os oedd y wraig druan yn bwriadu treulio'r haf yn torheulo yn yr ardd gefn gartref neu'n trecio ar gefn camel i ben draw'r byd.

O'r diwedd, daeth y pnawn i ben a chafodd hithau fynd adref. Rhoddodd y radio ymlaen cyn gynted ag y cyrhaeddodd y fflat. Fedrai hi ddim meddwl am fwyd; yr unig beth y teimlai y gallai ei lyncu oedd coffi. Gwnaeth ac yfodd un baned ddu ar ôl y llall.

Y pnawn hwnnw pan oedd hi'n chwarae *Draughts* efo'i mam ac yn disgwyl ei thad yn ôl oedd flaenaf yn ei meddwl. Beth pe bai'r cwch yn dod yn ei ôl y tro hwn a Hefin yn cael ei gario oddi arno ar strejar? Yn llwyd ac yn llipa, wedi boddi fel ei thad?

Am hanner awr wedi chwech, canodd cloch y drws. Neidiodd Menai ar ei thraed fel pe bai wedi cael ei thrydaneiddio. 'O be 'na i?' meddai'n uchel. 'O, gobeithio nad ydy o'n neb efo newydd drwg!'

Rhuthrodd i lawr y grisiau, agorodd y drws – ac yno o'i blaen, yn holliach, roedd Hefin. Syllodd arno fel pe bai'n ddim ond rhith.

'Hefin!' sibrydodd. 'Hefin! O diolch i Dduw dy fod ti'n ôl.'

Ysgydwodd Hefin ei ben wrth sylwi ar ei hwyneb poenus, gwelw, ac meddai'n dyner: 'Be 'na i efo chdi d'wad, Menai? Y? Ty'd yma!' Camodd Menai i'w freichiau agored – a wylodd ei rhyddhad.

Wrth gyrlio yn ei freichiau ar y soffa yn cael hanes ei antur, aeth i deimlo mymryn o gywilydd. 'Dau o blant ryw bobol ddiarth sy'n aros yn yr ardal 'ma – hogyn a hogan – oedd wedi mynd i drafferthion ar ôl mynd allan braidd yn bell yn 'u cwch a cholli'r rhwyfa,' eglurodd Hefin. 'Dau forlo bach wedi mentro'n rhy bell i'r môr! Mi oedd y craduriaid wedi dychryn am 'u bywyda, ond ar wahân i hynny doeddan nhw fawr gwaeth. Ac mi fentra i 'u bod nhw wedi dysgu'u gwers; mi fyddan nhw'n fwy gofalus o hyn allan.'

'Diolch byth 'u bod nhw'n iawn,' meddai Menai. 'O, dwi'n falch o dy gal di'n ôl yn saff Hefin … a dwi'n falch *ohonat ti* 'fyd!'

🌿

Yn raddol, daeth Menai i ddygymod rhywfaint â'r ffaith fod Hefin yn aelod o griw y Bad Achub, ac i boeni llai pan oedden nhw'n cael eu galw allan i'r môr. Wrth gwrs y fo oedd yn iawn: hen ofergoeliaeth oedd wrth wraidd ei hofnau, ac roedd yr ofergoeliaeth honno'n araf gael ei chwalu pob tro roedd o'n dod yn ôl yn saff.

Aeth bywyd yn ei flaen yn ddigon dedwydd a thawel hyd at un diwrnod ar ddechrau'r flwyddyn. Y bore hwnnw, pan ddeffrodd Menai, teimlai fod rhywbeth heb fod yn iawn – ac eto wyddai hi ddim beth. Cododd, ac aeth ati i ymolchi a gwisgo a gwneud ei brecwast, gan obeithio y gallai ysgwyd y teimlad i ffwrdd wrth symud. Ond waeth pa mor brysur roedd hi'n ceisio bod roedd o'n mynnu hofran o'i chwmpas hi o hyd. Adwaenai ef yn dda – er nad oedd wedi ei gael ers blynyddoedd. Hwn oedd y teimlad trwm, rhyfedd a fu'n pwyso arni gymaint y diwrnod y bu farw ei thad!

Fe aeth wrth iddi gychwyn i'w gwaith, a cheisiodd ei gorau i beidio â meddwl amdano wedyn. Ond, fore trannoeth, wrth iddi ddeffro, roedd o'n ôl. Doedd o ddim mor drwm rŵan ag y cofiai hi o y diwrnod y gwnaeth ei thad foddi; roedd o'n fwy fel rhyw garpiau tenau o niwl yn ei chyffwrdd yn ysgafn wrth fynd heibio am gyfnodau byrion ar y tro. Ond roedd o'n ddigon i godi ofn ar Menai. Teimlai'n sicr ei fod yn ei rhybuddio hi o ryw drychineb i ddod.

Soniodd amdano wrth Hefin ond, yn amlwg, doedd ar Hefin ddim eisiau gwybod. Eto, fedrai hi yn ei byw adael i'r peth fod. Pob tro y câi hi'r teimlad, ceisiai berswadio Hefin i roi'r gorau i'r Bad Achub. Bu'n dadlau efo fo. Bu'n crefu arno fo. Ond heb lwyddiant. Yn wir, unig ganlyniad yr holl bledio oedd bod yr awyrgylch cynnes, hapus a fu rhyngddyn nhw yn raddol droi yn oer ac yn gas.

'Hefin,' meddai hi un noson. 'Mi ges i'r hen deimlad 'na eto heddiw.'

'O Menai, paid â dechra ar hynna eto heno 'ma, bendith y nefoedd iti!' meddai Hefin, gan rowlio'i lygaid i fyny ac ysgwyd ei ben.

'Gwranda – faswn i ddim *yn* sôn am y peth oni bai 'mod i'n teimlo bod rhaid i mi! Dwi'n *nabod* y teimlad yna, Hefin, ac mae arna i 'i ofn o. Rho'r gora iddi rŵan cyn iddi fod yn rhy hwyr!'

'Sawl gwaith sydd isio i mi ddeud wrthat ti? *Fedra i*

ddim rhoi'r gora iddi hi! Yli, ers pan o'n i'n ddim o beth, yn mynd efo dy dad a chditha i gwt y Bad Achub ac yn gwrando arno fo'n deud 'i straeon, fy mreuddwyd mawr i oedd cael bod yn un o griw y Bad Achub fy hun pan o'n i'n fawr. Dwi wedi meddwl am hyn ar hyd fy mywyd, Menai! A rŵan 'mod i'n un o'r criw, be dduda'r hogia erill taswn i'n deud 'mod i am roi'r gora iddi hi am fod arnat ti ofn i mi foddi? Ella bod 'u cariadon a'u gwragadd nhw ofn iddyn nhwtha foddi hefyd, ond mae'n rhaid i *rywun* neud y gwaith ne pwy fasa 'na i achub pobol o'r môr? Mae hyn yn rwbath fedra *i* neud. Dwi'n caru'r môr a dwi'n 'i *nabod* o. Plîs tria ddallt!'

'Hm!' meddai Menai'n dawel. 'Yr unig beth ydw i *yn* 'i ddallt, Hefin, ydy dy fod ti'n caru'r môr yn fwy nag wyt ti'n fy ngharu i.'

'Paid â siarad lol, nei di?' brathodd Hefin, wedi'i wylltio.

'Ocê, 'ta! Dwi'n rhoid dewis i ti! *Os* ydw i'n golygu mwy i ti na'r môr, rho'r gora i'r Bad Achub! Dewis, Hefin: y môr ne' fi!'

Yn ystod y munudau a ddilynodd, yr unig sŵn a glywai Menai oedd ei chalon yn curo. Syllai Hefin ar y llawr, yn hollol fud.

'Wel?' holodd hithau, a'i llais yn crynu. 'Os nad wyt ti am ddeud dim byd, dwi'n cymyd mai'r môr ydy dy ddewis di. Ia, Hefin?'

Distawrwydd llethol oedd yr unig ateb a gafodd eto. Yn sydyn cododd Menai ar ei thraed a rhedodd am adref, yn ddagrau i gyd.

Ei gobaith oedd y byddai o'n dod ar ei hôl, neu o leiaf yn galw i'w gweld yn ei gwaith drannoeth. Ond o wybod pa mor styfnig oedd Hefin, synnodd hi ddim llawer na wnaeth o ddim! Y drwg oedd ei bod hithau yr un mor styfnig, a'r un mor benderfynol o beidio ag ildio. Aeth y diwrnodau'n wythnosau heb i'r un o'r ddau dorri gair. I Menai, roedd Abercrai'n lle gwahanol heb Hefin i'w rannu a theimlodd ei bywyd yn colli ei liw a'i flas.

Un noson, penderfynodd fod pethau wedi mynd yn ddigon pell ac aeth draw i'r *Ship* yn y gobaith o'i weld efo'r bwriad o geisio cymodi. Cyflymodd ei chalon pan welodd ei ben du, cyrliog wrth iddi gerdded at y bar. Yna rhewodd – o weld fod merch efo gwallt melyn, hir yn eistedd reit wrth ei ymyl. Siwan Evans! Roedd Menai wedi sylwi arni hi'n llygadu Hefin erstalwm ac roedd hi hyd yn oed wedi tynnu ei goes o ynglŷn â hi unwaith neu ddwy. Cofiodd hefyd glywed rhywun yn dweud yn y salon: 'Ma' Siwan ar ôl hogia'r Bad Achub.' Rhyfedd! Yr union beth a ddaeth rhwng Hefin a Menai oedd yn gwneud Hefin yn ddeniadol iddi hi!

Honno oedd y noson gyntaf o lawer i Menai weld Hefin a Siwan efo'i gilydd, ac roedd y ffaith bod y ddau i'w gweld yn dod ymlaen mor dda ac yn cael cymaint o hwyl yng nghwmni'i gilydd yn brifo'n fwy byth. Câi rywfaint o'u hanes bob hyn a hyn yn y salon hefyd, a deallodd trwy wahanol gwsmeriaid fod Siwan wedi rhoi ei bryd ar Hefin ers hydoedd a'i bod yn benderfynol o'i gael.

Ar y môr roedd y bai, meddyliodd Menai wrth edrych arno drwy'i dagrau o ffenest ei fflat un noson. Y fo wnaeth erydu'r cariad a fu rhwng Hefin a hi. Ar hynny, gwelodd Hefin yn dod ar hyd y traeth law yn llaw efo Siwan – a phan giciodd Siwan ei hesgidiau i ffwrdd a chael ei chario ar gefn Hefin i'r môr nes bod ei thraed yn cael eu tynnu'n ysgafn trwy'r tonnau, caeodd Menai'r llenni'n dynn er ei

bod yn noson olau braf. Yr oedd hyn yn mynd yn anni-
oddefol. Efallai mai'r peth gorau fyddai gadael Abercrai.

Yr oedd gwaeth i ddod. Ddiwedd yr wythnos, daeth
Mrs Jones, Hafan, i'r salon ac wrth i Menai ddechrau lliwio'i
gwallt, meddai:

'Wel, 'dach chi wedi clwad y newydd? Mae 'na *engage-
ment* yn y pentra 'ma. Oes wir! Hefin a Siwan! O sori,
Menai! Nes i ddim meddwl be o'n i'n 'i ddeud. Ma' Hefin
yn hen *flame* i chi, tydy o ddim?'

'O, mi oedd hynny erstalwm,' atebodd Menai a cheisio
gwenu arni – er ei bod yn teimlo fel taflu'r holl liw gwallt
am ei phen.

Yn ystod y pnawn, gwnaeth Menai ei phenderfyniad, a'r
noson honno ffoniodd ei mam. '*Fedra* i ddim aros yma,
Mam,' meddai ar ôl dweud ei newydd. 'Mi fasa byw yn
fama a Hefin yn byw i lawr y lôn wedi priodi efo rywun
arall ac yn dad i blant rywun arall yn fy ngyrru i o 'ngho!
… Felly, dwi wedi bod yn meddwl. Dwi am adal Abercrai
ac am symud i fyw i Lundan. Fasa hi'n iawn i mi ddŵad i
aros efo chdi a Simon nes y ca i hyd i le fy hun?'

'Wrth gwrs 'y nghariad i, os wyt ti'n siŵr mai dyna
fydda ora.'

'Ydw. Dwi'n hollol siŵr. Gora po gynta y gadawa i fan
hyn.'

Dihunodd Menai'n gynnar ar ei bore olaf yn Abercrai ar
ôl noson o gwsg digon carpiog. Gorwedd yn ei gwely'n hel
meddyliau yr oedd hi pan ddaeth yr hen deimlad trwm,
rhyfedd hwnnw o rywle a cherdded drosti hi i gyd. Cododd,
ond fedrai hi yn ei byw gael gwared â fo, ac wrth i'r bore
fynd ymlaen fe'i teimlodd yn dwysáu. Erbyn iddi orffen
pacio am hanner dydd doedd arni fawr o hwyliau, a sylwodd

nad y hi oedd yr unig un! Roedd y môr hefyd i'w weld wedi gwylltio'n gynddeiriog ac yn hyrddio'i hun yn wyllt ar y traeth.

Cyrhaeddodd ei mam a'i llystad am un ac aeth Menai ati i wneud panad iddyn nhw cyn cychwyn. Tollti'r te oedd hi pan glywodd hi'r ffrwydriad. Un o rocedi'r Bad Achub yn galw'r criw ynghyd! 'O na!' meddai ei mam. 'Ma' 'na rywun mewn helynt ar y môr!'

Crynodd Menai drwyddi. Yr oedd arni eisiau rhedeg i'r iard gychod i erfyn ar Hefin i beidio â mynd allan efo'r Bad Achub – ond gwyddai na wnâi o byth adael i'r criw fentro eu bywydau hebddo fo oherwydd ei hofnau niwrotig hi. A ph'run bynnag, gwyddai hefyd nad oedd ganddi ddim hawl arno fo erbyn hyn ...

Doedd yna ddim i'w wneud ond eistedd ac aros. Eisteddodd gyferbyn â'i mam, a bron na fedrai weld y gêm *Draughts* honno a'i sgwariau bach du a gwyn ar y bwrdd yn y canol rhwng y ddwy. Yna'n raddol, sylwodd fod y teimlad trwm yn dwysáu. Daeth i bwyso arni hi'n drymach, drymach ... pwyso a phwyso nes iddo o'r diwedd gau amdani hi'n llwyr.

Ar ôl hynny, roedd hi'n gwybod. Ac er mor erchyll oedd gweld y Bad yn dod yn ôl a Hefin yn cael ei gario oddi arno ar strejar, o leiaf doedd o ddim yn annisgwyl. Roedd hi wedi cael ei pharatoi.

❧

I feddwl bod bron i flwyddyn gron wedi mynd heibio ers hynny, meddyliodd Menai, wrth eistedd ar y fainc yn edrych dros y bae. Blwyddyn wedi ei byw ymhell oddi wrth y môr, yng nghanol bwrlwm Llundain; blwyddyn o ddihangfa oddi wrth Hefin ac Abercrai. Ond os oedd hi wedi bod yn bell i ffwrdd, doedd 'na'r un diwrnod wedi mynd heibio heb iddi hi feddwl amdanyn nhw – a rŵan, o'r diwedd, roedd o fel pe bai hi wedi methu peidio â dod yn ôl ...

Doedd hi ddim wedi setlo o gwbwl yn Llundain. Er ei bod yn dod ymlaen yn iawn efo'i mam a'i llystad, doedd hi erioed wedi medru edrych ar eu tŷ chwaethus nhw fel ei chartref – ac wedi iddi symud i'w *bedsit* bach ei hun ar ôl rhai misoedd, hiraethai fwy byth am y fflat llawn cymeriad uwchben y siop efo golygfa o'r môr. Cafodd hyd i waith mewn salon trin gwallt yno'n eitha didrafferth – ond roedd arni hiraeth mawr am salon Tonnau a'r awyrgylch mwy hamddenol a mwy personol a geid mewn siop trin gwallt yng nghefn gwlad. Cafodd hyd i gariad yno hefyd – ond er ei fod yn berson digon dymunol, doedd hi ddim yn teimlo'n iawn efo fo. Yn wir, roedd ei hiraeth dwfn am Hefin yn ddwysach pan oedd hi yn ei gwmni o nag oedd o pan oedd hi ar ei phen ei hun.

Ia, Hefin! Y tro diwethaf iddi ei weld, roedd o'n cael ei gario o'r môr ar strejar, a hithau'n aros ar y lan yn gweld ei hunllef fawr yn dod yn fyw o'i blaen. Roedd arni hi gym-aint o eisiau rhedeg ato fo a'i gofleidio fo – ond chafodd hi ddim. Roedd Hi yno. Siwan Evans – yn llawn ffýs a phanig! Clywodd Menai hi'n gofyn i'r criw: 'Ydy o'n mynd i fod yn olreit?' ond chlywodd hi mo'r ateb – dim ond clywed un o'r hogiau'n egluro fod harnais diogelwch Hefin wedi torri, ac yntau wedi llithro rhwng y Bad Achub a'r cwch pysgota a chael ei wasgu rhwng y ddau.

Yr oedd ambiwlans yn aros ar y traeth. Wedi i Hefin gael ei gario i mewn iddo, methodd Menai ag ymatal rhag rhedeg at y drws agored a gofyn: 'Ydy o'n mynd i fod yn olreit?' yn union fel y gwnaeth Siwan. Ond roedd dynion yr ambiwlans yn rhy brysur yn paratoi i adael am yr ysbyty a dim ond Siwan Evans ddaru ei chlywed hi. Trodd ei golygon mwyaf miniog ar Menai ac meddai, gan afael yn llaw Hefin: 'Ydy, mae o! Mi ofala *i* am hynny ocê?'

Bodlonodd Menai ar yr ateb hwnnw. Yr oedd yn rhaid iddi dderbyn mai Siwan oedd piau Hefin bellach ac, unwaith roedd hi wedi cyrraedd Llundain, penderfynodd mai'r peth gorau oedd torri pob cysylltiad ag Abercrai. Os oedd ei bywyd newydd am weithio, roedd yn bwysig iddi ollwng ei gafael yn llwyr ar y gorffennol. Dianc o Abercrai roedd hi wedi'i wneud, wedi'r cyfan, nid jest gadael – a byddai'n well iddi beidio â derbyn unrhyw newydd o gwbwl o'r lle. Am un mis ar ddeg, felly, roedd hi wedi ymroi i anghofio popeth am y pentref ar y traeth a'i drigolion – hyd at rŵan, pan deimlodd fod yn rhaid iddi fynd yn ôl.

Ac yn barod roedd hi'n teimlo'n well. Ers iddi fod yn eistedd ar y fainc uwchben y bae, roedd hi wedi teimlo brathiad awel y môr yn ei deffro drwyddi, ac yn anadlu bywyd yn ôl iddi. On'd oedd o'n beth rhyfedd, er gwaethaf y trychinebau a gysylltai hi â'r lle yma, mai yma – a dim ond yma – yr oedd hi'n teimlo'n fyw?

Ar hynny, agorodd y drws coch yn y teras o dai ar y traeth islaw. Rhewodd Menai. Cartref Hefin oedd hwnna – os oedd o'n dal i fyw yna! Cofiodd fel roedd o wedi dod allan y noson honno y bu hi'n ymweld ag Abercrai bron i bedair blynedd yn ôl.

Y tro hwn, ddaeth neb drwy'r drws am eiliad. Yna, gwelodd Menai ddwy olwyn yn dod dros y trothwy. Daliodd ei gwynt. Dyna lle'r oedd Hefin, wedi'i lapio, mewn cadair olwyn, yn powlio'i hun o'r tŷ ac ar hyd y llwybr a thrwy'r gât. Yna arhosodd, a dechreuodd godi ei law'n wyllt arni a gwneud arwyddion arni i ddod i'w gyfarfod. Cododd Menai a rhedodd yn sigledig i lawr y llwybr ac ar draws y traeth.

Stopiodd yn stond wrth iddi gyrraedd Hefin. Roedd hi mor falch o'i weld fel mai'r unig beth roedd arni eisiau'i wneud oedd lluchio'i hun i'w freichiau, ond roedd yn rhaid iddi gofio mai cariad – neu ŵr! – Siwan oedd o erbyn hyn. Edrychodd arno. Roedd ei wyneb yn deneuach ond, fel arall, doedd o wedi newid dim.

Y fo siaradodd gyntaf. 'Wel, wel! Mi o'n i'n dechra meddwl 'mod i'n gweld petha!' meddai. 'Mi o'n i wedi sylwi bod rywun yn ista ar y fainc ers meitin, ond pan edrychis i'n iawn a gweld 'i bod hi'n debyg iawn i ti, mi fuo'n rhaid i mi nôl sbenglas i neud yn siŵr! Wel, be sy'n dŵad â chdi hyd y lle 'ma?'

'Dydw i ddim yn siŵr iawn fy hun. Jest ... methu cadw draw!'

'Sut ma' Llundan yn dy drin di 'ta?'

'Go lew. Dwi ddim yn hogan dinas!'

'Na, faswn inna ddim yn licio byw yna chwaith. Aber-crai a'r môr i mi – er gwaetha be mae o wedi'i neud i mi.' Edrychodd i lawr.

'Sut ... sut wyt ti rŵan 'ta, Hefin?'

Cododd Hefin ei ben eto a gwenu'n drist arni. 'Fel y gweli di fi,' atebodd. 'Ond ddylwn i ddim cwyno. Dwi wedi bod yn waeth o lawar na hyn. Bechod na faswn i wedi gwrando arnat ti.'

Wyddai Menai ddim yn iawn beth i'w ddweud. Efallai mai dyma'r amser i ofyn iddo fo am Siwan. Roedd yn rhaid sôn amdani rywbryd.

'Sut ma' ... Siwan?' meddai, gan orfodi ei hun i ddweud ei henw.

'O, ma' hi'n dda iawn – mae'n siŵr gin i! Dydw i ddim wedi'i gweld hi ers tro. Doedd hi ddim isio gwbod 'sti, ar ôl y ddamwain. O, oedd ar y dechra. Pan o'n i'n gorfadd yn yr ysbyty ac yn dipyn o arwr yn yr ardal, roedd hi'n dŵad i 'ngweld i bob dydd. Ond unwaith y dalltodd hi 'i fod o am gymryd amsar hir i mi wella ac nad oedd gin i ddim llawar o ddyfodol i'w gynnig iddi hi, fuodd hi ddim yn hir iawn yn hel 'i thraed a mynd. Na ... ma' hi'n caru'n selog efo un arall o hogia'r Bad Achub erbyn hyn!'

'O Hefin, ma'n ddrwg gin i!' meddai Menai – a'i feddwl o! Er mor ofnadwy o falch yr oedd hi o glywed fod Siwan Evans wedi mynd, fedrai hi ddim peidio â theimlo dros Hefin yr un pryd.

'Paid wir! Welwn i ddim bai arnat ti tasat ti'n deud wrtha i 'i fod o'n fy syrfio fi'n iawn. Ches i ddim ond be o'n i'n 'i haeddu.'

'Ond, doeddat ti ddim ... ddim ... yn ... 'i charu hi?'

''I charu hi? Argol fawr, nag o'n i! ... Nes i ddim ond mynd allan efo hi er mwyn trio dy ennill di'n ôl. Roedd hi wedi bod ar f'ôl i erstalwm, ond doedd gin i fawr i'w ddeud wrthi hi. Wedyn, ar ôl i ni ffraeo, mi ddechreuodd hi ddŵad ar f'ôl i o hyd. Mi o'n i'n dy golli di fel dwn i'm be, ac eto mi o'n i'n rhy styfnig i ildio i ti – a dyma feddwl: taswn i'n mynd allan efo hi, ella y basat ti'n mynd mor genfigennus fel y basat ti'n fodlon mynd yn ôl efo fi *er* 'mod i'n perthyn i griw y Bad Achub. Wel, dim felly gweithiodd hi, naci? Cyn imi droi mi oedd hi'n sôn am briodi, a'r peth nesa wyddwn i, mi o'n i wedi fy nal yn y rhwyd.

73

'Wyddost ti, Menai, pan oeddat ti'n sôn am yr hen deimlad hwnnw fyddat ti'n 'i gal, fedrwn i ddim cymyd y peth o ddifri. Mi o'n i'n meddwl nad oedd o'n ddim ond dy ofna di. Dwn i ddim faint o weithia rydw i wedi difaru na faswn i wedi gwrando arnat ti ers hynny. Mi wn i 'mod i'n styfnig ac yn bengalad ond, os ydy o o ryw gysur iti, dwi wedi talu'n ddrud am fy meia i gyd!'

'Mi o'n inna ar fai hefyd, Hefin; ro'n i'r un mor benderfynol. A coelia fi, dw inna wedi talu am hynny. Dwi wedi dysgu 'ngwers.'

Bu'r ddau yn dawel am funud, wedi ymgolli yn eu meddyliau. Ond pan godod Menai ei phen i edrych ar Hefin wedyn, sylwodd fod ei wyneb yn tywynnu arni. 'Dwi'n dy garu di gymaint, Menai,' meddai wrthi. 'Y drwg ydy, does gin i ddim byd i'w gynnig i ti.'

'Mae gin ti bopeth i'w gynnig i mi. Dim Siwan Evans ydw i!'

Gyda chryn dipyn o drafferth cododd Hefin ar ei faglau, cerddodd yn araf tuag ati a chusanodd hi. Cusan a blas heli arni! A diolchodd Menai ei bod wedi gwrando ar y teimlad rhyfedd hwnnw a fu'n pwyso arni bellach ers misoedd; teimlad cryf y dylai fynd yn ôl i Abercrai. Gwyddai un peth: fyddai hi ddim yn mynd i ffwrdd eto. Na, roedd hi'n ôl i aros y tro hwn!

❦

UN HAF HIRFELYN

Yn ôl ei arfer, roedd y trên yn hwyr. Wrth iddo ffrwtian ei ffordd o un orsaf fechan i'r llall, meddyliodd Gwawr mor wahanol roedd y daith hon i'r daith wyllt wallgo ar y tiwb i'w gwaith yn Llundain bob bore. Yno roedd 'na deimlad o frys a phobol ar bigau'r drain i gyrraedd pen eu taith. Yma, doedd neb fel petaent yn malio mai rŵan yr oedden nhw'n cyrraedd lle dylen nhw fod hanner awr yn ôl! Byddai'n rhaid iddi hithau ei chymryd hi'n fwy hamddenol rŵan, meddai wrthi'i hun, a chofio'i bod hi ar ei gwyliau.

Ie, tair wythnos gyfan o wyliau! Tair wythnos ymhell o ruthr swyddfa'r papur newydd prysur lle'r oedd hi'n gweithio. Ac am braf fyddai hynny. Dim ffôn yn canu. Dim *deadlines* i'w cyrraedd. Dim golygydd yn gweiddi arni hi o hyd. Dyna beth fyddai nefoedd.

Ond doedd hi ddim am fod yn *diogi* am dair wythnos chwaith! O na! Roedd Gwawr wedi penderfynu treulio'i gwyliau eleni ar fferm yng nghanol y wlad – yn hel ffrwythau! Rhyw benderfyniad munud olaf oedd o, serch hynny, ac er nad oedd troi'n ôl i fod bellach, doedd hi byth yn siŵr oedd hi'n gwneud y peth iawn.

Lanzarote oedd ei dewis cyntaf. Roedd Mared, a rannai'r fflat efo hi yn Harrow, a hithau wedi meddwl treulio'u gwyliau yno yn crasu yn yr haul – ond, cyn iddyn nhw fynd mor bell â bwcio, roedd Mared wedi cael cariad.

75

Gwyddai Gwawr yn union beth i'w ddisgwyl nesaf; roedd hi wedi bod trwy'r peth sawl gwaith o'r blaen. Roedd Mared yn un o'r merched diflas hynny sy'n anghofio'u ffrindiau i gyd unwaith y maen nhw'n cael gafael ar ddyn! Synnodd hi ddim felly pan ddywedodd wrthi un noson: 'O Gwawr, fasa ots ofnadwy gin ti taswn i ddim yn dŵad ar wylia efo chdi eleni? Ti'n gweld, mae O wedi gofyn imi fynd efo fo i Ffrainc.'

Yr ateb gonest fyddai: 'Wrth gwrs mae ots ofnadwy gin i! Dwi wedi bod yn edrach ymlaen am y gwylia 'ma ers tro byd!' Ond yr hyn ddywedodd hi oedd: 'O, iawn siŵr. Fe fydda i'n olreit. Cer di.'

Olreit wir, meddyliodd wedyn! Beth oedd yn olreit mewn cael tair wythnos o wyliau o'i blaen a'r dewis o'u treulio nhw rhwng ei fflat yn Harrow a chartref ei rhieni yng Nghaerdydd, neu fynd i ffwrdd i rywle ar ei phen ei hun? Roedd hi'n gweld ei rhieni'n ddigon amal ar ben-wythnosau, a doedd y syniad o fynd i wlad dramor hollol ddieithr heb gwmni ddim yn apelio ati chwaith.

Yna, fe welodd yr hysbyseb yn y papur. Roedd angen pobol ifainc i fynd i hel mefus a mafon ar fferm yng ngogledd Cymru am yr union dair wythnos oedd ganddi hi i ffwrdd o'r gwaith. Cafodd ei denu ganddo am ddau reswm. I ddechrau, er y byddai'n mynd yno ar ei phen ei hun, câi gwmni pobol ifainc eraill ar ôl cyrraedd, a byddai'n ffordd o ddod i adnabod pobol a gwneud ffrindiau newydd. Yn ail, roedd y ffaith fod y fferm yng Nghymru yn atyniad mawr. Er mai Cymraes oedd Gwawr, wedi ei geni a'i magu yng Nghaerdydd, roedd hi wedi teimlo lawer gwaith mai ychydig iawn oedd hi'n adnabod ar ei gwlad ei hun. Roedd ei theulu wastad wedi mynd dramor am eu gwyliau pan oedd hi'n blentyn, a dyna'i harferiad hithau ers mynd i Lundain i weithio ar ôl madael â'r ysgol bedair blynedd yn ôl. O ganlyniad, roedd rhannau mawr o Gymru'n fwy dieithr iddi na'r Algarve a Tenerife. Byddai'r gwyliau hyn ar y fferm yn gyfle i wneud iawn am hynny.

Erbyn hyn, roedd y trefniadau i gyd wedi'u cwblhau a hithau'n teithio trwy gaeau gwyrdd Cymru mewn trên. Wrth iddi nesáu at yr orsaf, teimlodd y wefr o fod mewn lle hollol ddieithr. Roedd o fel dechrau ar lyfr nodiadau newydd sbon â'i dudalennau'n wyryf, wyn. Yn aros am straeon i'w llenwi, a'r posibiliadau yn ddi-ben-draw.

O'r diwedd cyrhaeddodd orsaf Gors Goch, ond roedd ei thaith yn bell o fod drosodd. Roedd ganddi ddwy filltir arall i'w cerdded cyn cyrraedd y fferm ac roedd hynny'n ymddangos yn bellter mawr i un oedd wedi arfer neidio ar y bỳs neu'r tiwb i fynd o le i le! Gan ddilyn y cyfarwydd-iadau a gafodd, trodd i'r chwith y tu allan i'r orsaf a cherdded stryd y pentref i'r pen. Syllodd un neu ddau o'r trigolion ar y ferch dal efo'r rycsac coch ar ei chefn yn mynd heibio – ei gwallt hir, brown wedi'i glymu'n blethen daclus i lawr cefn ei phen a'i hwyneb braidd yn ddi-liw ar wahân i'w llygaid gwyrdd, a mymryn o frychni dros ei thrwyn.

Ymlaen â hi rownd y tro ac i fyny'r allt serth a arweiniai i galon y wlad o'r pentref. Yna dilynodd y lôn droellog, gul. Am braf, meddyliodd, oedd cael caeau a chloddiau a choed o bob tu iddi yn lle adeiladau; cael clywed adar yn canu a defaid yn brefu yn lle sgrechian lorïau a cheir ac anadlu arogl blodau gwyllt a gwair yn lle arogl mwg ac ecsôsts. Aeth y filltir gyntaf heb iddi sylwi bron, ond daeth blinder a blister i arafu ei cham erbyn iddi fod hanner ffordd drwy'r ail.

Rhedodd ei meddwl i'r fferm o'i blaen hi. Unwaith eto, ceisiodd ddychmygu'r ffermdy; Mrs Preis, gwraig y fferm, a'r bobol eraill a fyddai'n hel mefus a mafon efo hi. Gobeithio'n wir y bydden nhw'n rhai go glên! A tybed fyddai 'na ddynion diddorol yn eu plith – er, fel arfer, ychydig iawn o lwc fyddai Gwawr yn ei gael efo dynion. Am ryw reswm roedd bron pob un roedd hi'n dod i'w nabod yn tueddu i edrych arni – nid fel cariad – ond fel ffrind.

Na, doedd dim iws! Roedd ei throed hi'n brifo gormod. Doedd dim amdani ond aros a phalfalu am blaster ym mherfeddion ei rycsac i arbed rhywfaint ar ei bawd. Wrth iddi blygu i dynnu ei hesgid, clywodd rwndi tractor yn dod yn nes ac yn nes ati. Symudodd reit i ochor y ffordd i wneud lle iddo fynd heibio a sylwodd ar y gyrrwr: dyn ifanc cyhyrog, pryd golau, efo bochau cochion un oedd yn gweithio allan yn yr awyr iach. Edrychodd Gwawr ar ei ôl a meddwl os oedd y dynion yn y grŵp am fod cystal â hynna, yna roedd y gwyliau'n argoeli'n dda iawn. Yn anffodus, roedd o'n gyrru i'r cyfeiriad arall – a ph'run bynnag, edrychodd o ddim arni hi o gwbwl. 'O wel,' meddyliodd, 'jest fy lwc i!'

Er i'r plaster liniaru rhywfaint ar y boen, roedd ei blister yn dal i'w phoeni, a rhwng hynny a'r ffaith ei bod wedi blino roedd hi'n falch iawn o gyrraedd y fferm. Fel roedd hi'n croesi'r buarth, daeth gwraig ganol oed lond ei chroen a'i gwallt wedi britho i'r drws i'w chyfarfod. Hon oedd Mrs Preis yn amlwg, a theimlai Gwawr gywilydd wrth hencian ati fel hen gant.

'Helô! Gwawr, ia?' galwodd yn glên. 'Dwi wedi bod yn 'ch disgwl chi ers meitin. Dowch i mewn. Fydda i ddim chwinciad yn gneud te.'

Gyda'r croeso yna, teimlodd Gwawr yn well drwyddi a

dilynodd y wraig i gegin y fferm. Roedd hi'n gegin lân, gysurus, yn llawn arogl teisennau newydd ddod o'r popty ac roedd cath frech yn cysgu'n belen o flaen yr *Aga* goch. Aeth Mrs Preis ati i wneud panad yn syth.

'Mi ddylwn i egluro un peth,' meddai, wrth dollti'r te o'r tebot. 'Mae'r lleill i gyd yn aros mewn dwy garafán ar y ffarm ond does 'na ddim ond lle i bump gysgu ym mhob un ohonyn nhw ac roedd y llefydd i gyd wedi'u cymryd erbyn i mi glwad oddi wrthach chi. Ond peidiwch â phoeni; mae 'na ddigon o le i chi yn yr hen dŷ 'ma – os nad oes ots gynnoch chi aros yma efo ni?'

'O ... na ... wrth gwrs! Popeth yn iawn! Fe fydda i'n olreit!' meddai Gwawr, gan geisio'i gorau i wenu. Yr un pryd, teimlodd ei chalon yn suddo! Er mor gyfeillgar a chroesawus roedd Mrs Preis, hen siom oedd gorfod aros yn y ffermdy efo hi a'i gŵr pan oedd gweddill y criw mewn carafán! Fe fyddai hi ar wahân i bawb arall o'r dechrau. Doedd hynny ddim am fod yn llawer o hwyl.

Ar ôl iddyn nhw gael panad, aeth Mrs Preis â hi i'w stafell. Roedd hi'n llofft braf efo papur wal lliw hufen a blodau bach mân marŵn arno, a chwilt a llenni mewn defnydd o'r un patrwm ond fod y lliwiau'n groes. Ger y gwely roedd tusw o flodau ffres.

'Dowch i lawr pryd y mynnwch chi, Gwawr,' meddai Mrs Preis yn glên eto, 'ond am saith fyddwn ni'n byta. Mi fydd Robin yn 'i ôl erbyn hynny. Cofiwch, os dach chi angan rwbath, does ond isio i chi ddeud.'

Roedd hi'n tynnu am saith erbyn i Gwawr ddadbacio a molchi a newid. Penderfynodd fynd i lawr, ac wrth ddod at ddrws y gegin gallai glywed Mrs Preis yn siarad â rhywun, a llais dyn yn ei hateb. Yn sydyn, teimlodd yn reit swil o gerdded i mewn at y ddau.

Cymerodd wynt dwfn cyn agor y drws a mynd drwodd.
Roedd Mrs Preis â'i chefn ati, yn tynnu'r cig o'r popty. Ac
wrth y bwrdd roedd dyn ifanc yn eistedd. Dyn cryf,
cyhyrog yr olwg, pryd golau, efo bochau cochion un oedd
yn gweithio allan yn yr awyr iach. Yr union ddyn ifanc a
welodd hi ar y tractor yn y pnawn! Nodiodd arni. 'Helô,
sut ydach chi?' meddai. 'Croeso i Gwern!'

❧

Mefus, mefus – a rhagor o fefus! Doedd Gwawr erioed
wedi gweld cymaint o fefus yn ei dydd! Peth rhyfedd nad
oedd hi wedi breuddwydio am fefus bob nos ers iddi hi
ddod yma, meddyliodd!

Roedden nhw wedi bod wrthi yn ddiwyd yn y caeau ers
ben bore, yn llenwi eu basgedi â mefus melys, coch.
Gwenodd Gwawr wrth edrych ar ei bysedd: roedd yn
newid eu gweld nhw wedi'u staenio'n goch ar ôl arfer eu
gweld wedi eu staenio'n las gan inc! Wrth gwrs, roedd hyn
i gyd yn dipyn o newid o redeg o gwmpas ar ôl stori neu
weithio ar brosesydd geiriau mewn swyddfa swnllyd ond,
chwys laddar neu beidio, roedd yn rhaid iddi gyfaddef ei
bod yn mwynhau ei hun. Roedd 'na lawer i'w ddweud dros
weithio allan yn yr awyr iach, a chael gweld ffrwyth ei
llafur – yn llythrennol – wrth i'r fasged lenwi.

Ond os oedd hi'n treulio oriau'n rhoi mefus aeddfed yn
ei basged, nid mefus oedd ar ei meddwl! Na, Robin oedd
yn llenwi ei meddyliau hi y dyddiau hyn. Am sioc gafodd
hi y noson gyntaf honno – bum niwrnod yn ôl bellach – o
gerdded i mewn i'r gegin a'i weld o'n eistedd yno! Mae'n
rhaid fod Mrs Preis wedi sylwi arni'n syllu'n gegrwth

arno, oherwydd prysurodd i'w gyflwyno fel Robin, ei mab. Yn ddiweddarach, dros y pryd, cafodd Gwawr wybod mai gwraig weddw oedd hi a bod Robin a hithau wedi bod yn ffermio Gwern efo'i gilydd ers i'w gŵr farw flwyddyn yn ôl.

Cymerodd Gwawr at Robin o'r dechrau cyntaf. Roedd ganddo fo lygaid mor garedig ac roedd o'n ymddangos mor naturiol a diffuant o'i gymharu â llawer o'r dynion a gyfarfu hi yn Llundain a oedd wastad yn ceisio creu argraff, ac yn tueddu i fod yn reit ffug. Yn wir, y mwyaf yn y byd roedd hi'n ei weld arno, y mwyaf yn y byd roedd hi'n dod i feddwl ohono. Ond un tawel, dwfn oedd Robin a doedd ganddi ddim syniad sut roedd o'n teimlo amdani hi.

Heddiw, wrth iddi edrych arno'n diflannu yn ei *Land Rover* ar ôl danfon eu cinio, daeth yn ymwybodol fod Lowri, un o'r merched eraill, yn gweiddi arni. Lowri oedd yr un a hoffai orau o'r criw.

'Gwawr! *Gwawr!*' meddai dan chwerthin. 'Wnei di basio brechdan wy i mi plîs – *os* medri di dynnu dy llgada oddi ar ein ffrind y ffarmwr am funud! Dwi'n meddwl dy fod ti'n 'i ffansïo fo'n dwyt?'

'Wel ... rwy'n meddwl 'i fod e'n eitha neis, odw!' atebodd Gwawr, gan geisio cadw ei llais yn dawel rhag cyhoeddi'r peth i bawb!

'Hm! Mi *o'n* i'n ama! Ac wt ti'n meddwl 'i fod o'n dy ffansïo di?'

'O, sa i'n siŵr! Ma' fe'n neis iawn 'da fi – ond ma' fe'n neis 'da pawb on'd yw e? A smo fe wedi cael llawer o gyfle i weud dim ta beth achos mae 'i fam e o gwmpas bob nos pan wy'n mynd 'nôl.'

'Wel, pam na ofynni di iddo fo ddŵad i'r Delyn efo chdi heno 'ma?'

'Beth, *fi*'n gofyn iddo fe fynd mas 'da fi – a hynny o fla'n 'i fam e, ife? Na, Lowri, sa i'n credu fod hynny'n syniad da iawn.'

'Naci, naci! Meddwl o'n i y medrat ti ddeud 'n bod ni *i gyd* yn mynd draw i'r Delyn heno, a gofyn fasa fo'n licio dŵad efo ni.'

O'i roi fel'na, roedd syniad Lowri'n gwella a bu Gwawr yn cnoi cil arno drwy'r pnawn. Yn ôl yn y ffermdy, cymerodd wynt dwfn a gofyn i Robin mor ffwrdd-â-hi ag y gallai a hoffai ddod allan efo nhw y noson honno. Ond rhyw ateb di-ddim a gafodd hi'n ôl.

'O! Wel ... ella do i draw nes ymlaen,' meddai Robin. 'Ga i weld.'

Felly, wrth eistedd yn y dafarn ddwy awr yn ddiweddarach, doedd hi ddim yn siŵr iawn beth i'w ddisgwyl. Roedd y lle'n eitha llawn ac eto, heb Robin, i Gwawr roedd o'n teimlo'n wag. Erbyn hyn, roedd hi wedi dod i adnabod aelodau eraill y criw i gyd yn weddol, ac er bod y rhan fwyaf o'r bechgyn yn glên ac yn reit ddymunol, doedd yr un ohonyn nhw'n apelio'n arbennig ati hi.

Aeth yn naw o'r gloch ... hanner awr wedi naw ... deg o'r gloch heb fod unrhyw sôn am Robin. 'Smo fe'n mynd i ddod, Lowri, ody e?' meddai Gwawr o'r diwedd a'i llais yn hollol fflat.

'O dwn i'm 'sti. Synnwn i ddim nad ydy o'n gradur go hwyrol.'

Ar hynny, agorodd y drws a daeth Robin i mewn i'r dafarn. 'Be ddudis i?' meddai Lowri'n barod. 'Dyma fo ar y gair. Y dyn 'i hun.'

O'r eiliad honno ymlaen, i Gwawr, roedd Y Delyn yn wahanol. Ers i Robin gerdded trwy'r drws, roedd yr holl le wedi dod yn fyw! Gwyliodd ef yn mynd at y bar, yn prynu peint o gwrw, ac yn torri gair efo un neu ddau o ddynion. Yna, gwelodd ef yn edrych o'i gwmpas ac yn sylwi arni hi. Gwenodd arno. Gwenodd yntau'n ôl a nodio'i ben i'w chydnabod. Ac wedyn? Dechreuodd siarad efo dau ddyn wrth ei ochr – a chanolbwyntio ar ei beint!

'Sa i'n credu 'i fod e am ddod drosodd, ody e?' meddai Gwawr.

'Wel, dydy petha ddim yn edrach yn addawol,' cytunodd Lowri. 'Yli, mi a i drwadd at y lleill am gêm o filiards. Ella y bydd hi'n haws iddo fo ddŵad yma atat ti os gwêl o dy fod ti dy hun.'

Wedi i Lowri fynd, eisteddodd Gwawr yno yn sipian ei diod, gan edrych drosodd ar Robin bob hyn a hyn. Unwaith neu ddwy fe ddaliodd ei lygad – am eiliad – ond edrychodd Robin draw bron ar unwaith. O'r diwedd, o weld nad oedd o'n gwneud unrhyw symudiad i ddod ati, penderfynodd y byddai'n rhaid iddi hi fynd ato fo. Gorffennodd ei diod, a cherddodd drosodd at y bar.

'Helô, Robin! Ddest ti draw, 'te?' meddai gan ymdrechu i wenu.

'Do, er mi ath hi chydig yn hwyr arna i. Y ... gym'wch chi ddiod?'

'O, diolch. Fe gym'ra i win gwyn a soda, os gweli di'n dda.'

'Hei – watsiwch chi'r Robin 'ma, 'mach i! Mae o'n ddyn peryg, chi!' meddai llais wrth ei hochor. Trodd Gwawr i wynebu un o'r dynion a fu'n siarad efo Robin funudau ynghynt. Roedd ganddo fo wyneb crwn coch fel haul yn machlud, pen moel, a sawl dant ar goll.

'Argol fawr, ydy! Peryg iawn,' meddai'r llall. 'Dach chi'n mentro'n o arw efo hwn. Er, cofiwch chi, ma' gynno fo ddigon o bres.'

'Oes tad! Werth 'i ffortiwn! Mae'n braf ar yr hen ffarmwrs cyfoethog 'ma. Hawdd y medran nhw gal genod bach del fel chi!'

Gwenodd Robin braidd yn anghysurus ond ddywedodd o ddim byd i ddechrau. Aeth y ddau arall ymlaen i holi Gwawr a cheisio cael ei hanes, gan ryfeddu a gwehyru chwerthin am y gorau wrth ei chlywed hi'n ateb mewn Cymraeg y de. O'r diwedd, torrodd Robin ar eu traws. 'Hei, gadwch lonydd iddi hi rŵan!' meddai a chan droi at Gwawr, ychwanegodd: 'Dwi'n meddwl y basa'n well i ni fynd i ista draw fancw ne' chewch chi ddim llonydd gin y rhein.'

Yr oedd Gwawr yn fwy na bodlon i gymryd ei harwain ganddo fo at y bwrdd gwag yn y gornel. ''Na well!' meddai ar ôl eistedd. 'Mae 'da fi'r ddawn ryfedd 'ma o ddenu cymeriade fel y ddau 'na ata i lle bynnag y bydda i! Sa i'n gwybod shwd wy'n llwyddo i'w wneud e ond ma' fe'n digwydd i fi o hyd ac o hyd, gwaetha'r modd!'

Chwarddodd Robin. 'Wel, does 'na ddim prindar cymeriada fel'na yn yr ardal yma,' meddai. 'Os 'dach chi'n un am 'u denu nhw, mae'n beryg na chewch chi ddim llonydd tra byddwch chi yn Gors Goch.'

A dyna ddechrau sgwrsio am gymeriadau'r ardal. Sylwodd Gwawr fod Robin yn ei elfen, a'i fod o'n medru bod yn ddoniol iawn wrth adrodd anturiaethau rhyfedd ambell un. Doedd hi ddim wedi mwynhau ei hun gymaint yng nghwmni neb erstalwm iawn, iawn.

Pan ddaeth Lowri a'r lleill drwodd yn un criw swnllyd,

eu gêm filiards drosodd ac yn barod i gychwyn adref, fedrai Gwawr ddim credu ei bod hi'n amser i fynd yn barod. Doedd arni ddim eisiau gadael ond siawns na fyddai Robin yn cynnig lifft iddi hi'n ôl?

Sylwodd arno'n edrych ar ei wats. 'Wel,' meddai, 'ma'n well i minna 'i throi hi rŵan, dwi'n meddwl.' Edrychodd ar Gwawr ac am funud hir meddyliodd hi yn siŵr ei fod o ar fin gofyn iddi a garai hi gael reid yn ôl efo fo. Arhosodd. Yna meddai Robin: 'Wel, hwyl 'ta rŵan. Nos dawch.' Gwenodd arni. Cododd. Ac allan â fo.

Eisteddodd Gwawr yno yn teimlo'n rêl het. Funud yn ôl, roedd hi mor sicr ei fod o am ofyn iddi! Ie, meddyliodd, jest ei lwc hi!

❦

Yn araf bach, roedd yr haf yn mynd heibio. Roedd un diwrnod melyn, hir, yn llithro i'r llall heb i neb sylwi bron – a heb i unrhyw beth ddigwydd rhwng Robin a Gwawr. Roedd hi'n dal i'w weld o bob dydd, wrth gwrs, ac roedd o'n dal i fod yn glên iawn efo hi. Ond doedd 'na ddim byd yn *digwydd* – fwy nag oedd wedi digwydd rhyngddi hi a'r rhan fwyaf o'r bechgyn y bu hi'n hoff ohonyn nhw erioed. Fel pob un arall, yn amlwg, fel ffrind roedd Robin yn ei gweld hi, nid fel cariad.

Cyfarfod â phobol ifainc eraill a gwneud ffrindiau newydd: dyna, fe'i pherswadiodd ei hun, oedd un o'i phrif resymau dros ddod ar y gwyliau yma – ond, bellach, roedd yn rhaid iddi gyfaddef ei bod wedi gobeithio am fwy. Weithiau, wrth iddi hel mafon yn y caeau, âi ei meddwl dros ei bywyd yn Llundain. Sawl llyfr nodiadau a lanwodd efo straeon am fywydau pobol eraill yn ystod y cyfnod y bu hi'n gweithio yno – tra bo'i bywyd hi'i hun yn dal i fod yn wag? Ei gobaith, yn ddistaw bach, oedd y byddai'r gwyliau yma wedi dod ag antur a rhamant i'w bywyd hithau, ac y byddai ganddi stori o'r diwedd am ei bywyd hi'i hun.

Ond os cafodd hi ei siomi yn hynny o beth, o leiaf doedd hi ddim yn difaru dod yma. Roedd hi *wedi* gwneud ffrindiau newydd a chael hwyl, ac roedd hi wrth ei bodd ar y fferm ac yn y wlad.

Ar fferm, yn barhaus, roedd 'na fywyd newydd. Dyna'r diwrnod y daeth hi'n ôl o'r caeau i weld bod sypreis yn ei haros yng nghegin y ffermdy: llond basged o gathod bach wedi'u geni yn ystod y nos. Roedden nhw braidd yn ifanc i fod yn ddel ond roedd eu mam, y gath frech, yn edrych yn hynod falch ohoni'i hun serch hynny! Ar ei gliniau'n rhoi mwythau iddyn nhw roedd Gwawr pan ddaeth Robin i mewn. Plygodd yntau i anwesu'r teulu bach brech.

'Ti'n hoff iawn o anifeiliaid, on'd wyt ti, Robin?' meddai.

'Wrth fy modd efo nhw,' atebodd yntau a'i lais yn gynnes. Y funud honno, wrth ei weld yn anwesu'r bwndeli bach brech mor ofalus ac mor dyner, i Gwawr, roedd y dyn ifanc cryf a chyhyrog yn edrych yn fwy deniadol nag a wnaeth o erioed. 'A deud y gwir, ma' 'na fabis erill yma ers neithiwr hefyd,' ychwanegodd dan wenu. 'Mi gafodd un o'r gwarthaig efeilliaid yn ystod y nos.'

'O, dofe wir? Alla i gael 'u gweld nhw?'

'O, iawn 'ta. Mi awn ni draw nes ymlaen.'

O hynny allan, bu Gwawr yn mynd i weld y lloeau bach ar ôl swper bob noson. Roedden nhw'n ddigon o ryfeddod yn eu cotiau du a gwyn. Gwirionai pan adawai Robin iddi fwydo'r efaill bach gwannaf â llaeth ei fam o'r botel ar ôl iddo fo odro ac roedd hi wrth ei bodd yn cael tendiad ar y ddau. Nid Robin oedd yr unig un y byddai'n drist o'i adael, meddyliodd, pan ddeuai'r gwyliau i ben.

Daeth ei noson olaf ond un yn Gwern yn rhy gyflym o lawer. Wrth iddyn nhw ymweld â'r lloeau bach y noson honno, meddai Robin: 'Wel, dim ond fory eto. Wt ti'n edrach ymlaen am fynd yn ôl?'

'O paid sôn! Smo fi'n moyn mynd 'nôl o gwbwl! Ti'n gwybod beth: smo fi wedi colli Llunden ddim iot ers i mi fod 'ma. Ma' bywyd yno mor wahanol i fywyd yma. Bydd yn anodd setlo ar ôl mynd 'nôl.'

Chwarddodd Robin yn ysgafn. 'Wel, faswn i'n da i ddim mewn lle felly,' meddai. ''Sdim ots gin i fynd yna unwaith y flwyddyn i Smithfield – ond fedrwn i byth feddwl am *fyw* yn y fath le.'

Meddyliodd Gwawr dros ei eiriau. Na, ar ôl blasu bywyd y wlad, doedd arni hithau ddim eisiau mynd yn ôl i *fyw* i Lundain – ond pa ddewis oedd ganddi? Ac roedd eu sgwrs wedi ei hatgoffa hi o rywbeth: byddai'n well iddi ffonio Mared i ddweud y byddai'n ôl nos Sadwrn. Roedd y criw yn cynnal barbaciw yn hwyrach y noson honno, a'r peth gorau fyddai cael yr alwad ffôn o'r ffordd cyn mynd draw.

Llais dyn a atebodd. '*Hang on*,' meddai. '*I'll just get Mared.*'

Funud wedyn, clywodd Mared yn gweiddi 'Haia!' a phan holodd hi am ei gwyliau, roedd ei brwdfrydedd yn ddi-ball. 'O! Grêt! Grêt!' meddai. 'Mi gafon ni amsar *gwych*! ... Hei Gwawr, gwranda! Dwi'n gobeithio nad oes dim ots gin ti, ond mae *O* wedi symud i mewn yma. O dim ond dros dro. Mae o wedi gorfod gadal 'i fflat, yli;

mae'n stori hir ond mi gei di'r hanas i gyd pan ddoi di'n
ôl. Beth bynnag, yma mae o ar y funud. 'Sdim ots gin ti,
nac oes?'

'O ... na; popeth yn iawn! Mae'n olreit!' atebodd hithau
– a meddwl yr un pryd 'O NA!'. Y peth olaf yn y byd oedd
arni ei eisiau oedd mynd yn ôl i Lundain i rannu'r fflat efo
Mared a'i chariad. Am gysur iddi hi fyddai bod yno yn
gwsberen efo'r ddau!

Fedrai hi ddim aros am gael gweld Lowri i fwrw'i gofid-
iau. Roedd Lowri'n un dda am wrando ac am roi cyngor, a
gwyddai y byddai'n teimlo'n well ar ôl cael y cyfan oddi ar
ei brest. Wrth iddi nesáu at y carafannau, gwelodd Gwawr
hi wrthi'n brysur yn coginio *kebabs* ac yn cadw reiat efo
Armon, un o'r bechgyn, a safai wrth ei hochor. Yn sydyn,
teimlodd braidd yn swil o fynd atyn nhw ond gwelodd
Lowri hi a gwaeddodd dros y lle:

'Hei Gwawr, wt ti am ddŵad i'n helpu ni efo'r *kebabs*
'ma? Ma' Armon yn beryg bywyd efo'r barbaciw. Hei
Armon, watsia ne' mi fydda i wedi dy losgi di!' sgrechiodd
a chwerthin nerth ei phen.

Ymunodd Gwawr efo nhw, ond cawsai'r teimlad ei bod
hi ar y ffordd heno. Gwyddai, wrth gwrs, fod Lowri'n
ffansïo Armon ac, yn amlwg, roedd pethau'n dechrau dat-
blygu erbyn hyn. Y peth gorau iddi hi ei wneud fyddai
gadael, er mwyn iddyn nhw gael llonydd. Felly, edrychodd
o'i chwmpas i weld at bwy arall y gallai fynd.

A dyna pryd y sylwodd hi. Roedd pob un o aelodau'r
criw wedi eu paru efo'i gilydd. Aeth y deg unigolyn arall a
gyrhaeddodd yno yr un pryd â hi bellach yn bum cwpwl, a
lle bynnag yr edrychai gwelai fechgyn a merched mewn
deuoedd. Roedd o fel hunllef. Y hi oedd yr unig un ar ôl
ar ei phen ei hun!

Trodd at Lowri – ond doedd hi nac Armon ddim yno! Teimlodd Gwawr banig yn cau amdani, a cheisiodd gymryd arni ei bod yn mwynhau ei *kebab* wrth feddwl yn wyllt beth fyddai'r peth gorau i'w wneud. Ar fin llithro i ffwrdd yn llechwraidd roedd hi pan welodd Lowri ac Armon yn cerdded i'w chyfarfod o gyfeiriad y ffermdy – a Robin i'w canlyn. Ac ai dychmygu roedd hi bod Lowri'n edrych yn falch iawn ohoni'i hun? 'Wedi bod yn nôl bol arall i'n helpu ni i fyta'r *kebabs* 'ma ydan ni,' cyhoeddodd yn siriol. 'Rŵan 'ta, helpa dy hun, Robin! Ma' 'na lawar gormod o fwyd yma i ni!'

Felly roedd Lowri hefyd wedi sylwi mai Gwawr oedd yr unig un heb bartner, ac wedi sleifio efo Armon i nôl Robin iddi hi. Er ei bod hi'n gwerthfawrogi hynny ac yn falch o weld Robin, teimlai Gwawr y gallai farw o embaras. Yr un peth nad oedd arni ei eisiau oedd i bobol deimlo biti drosti, ac roedd arni ofn i Robin feddwl mai ei syniad hi oedd gyrru Lowri ac Armon i'w nôl.

Eto, mynd wnaeth ei chwithdod yn ystod y noson. Diflannodd Lowri ac Armon eilwaith gan adael Robin a hithau i ofalu am y barbaciw, a chyn bo hir roedd Gwawr yn cael gormod o hwyl ac yn rhy hapus yng nghwmni Robin i boeni am un dim. Fe fuon nhw wrthi'n sgwrsio a thynnu coes a chwerthin nes y daeth y noson i ben.

Erbyn iddyn nhw fynd yn ôl, roedd y tŷ mewn tywyllwch a Mrs Preis wedi hen fynd i'r gwely. Cerddodd y ddau i fyny'r grisiau am y llofftydd, ac oedodd Robin y tu allan i ddrws stafell Gwawr. Oedodd mor hir nes iddi deimlo'n sicr ei fod naill ai'n mynd i'w chusanu hi neu'n mynd i ddweud rhywbeth – o'r diwedd. Dweud ei fod am ei cholli, efallai? Gofyn iddi gadw mewn cysylltiad? Crefu arni i beidio â mynd? Yna synhwyrodd ei fod yn symud yn nes ati a chaeodd ei llygaid i dderbyn ei gusan. Arhosodd ... ac arhosodd ... ond ddigwyddodd dim byd. Agorodd ei llygaid. Roedd Robin yn dal i sefyll yno. Yn sydyn, cliriodd ei wddw. 'Ia wir,' meddai. 'Wel hwyl 'ta; nos dawch.' Nodiodd arni a mynd.

'Nos da,' meddai Gwawr yn fflat ac agor drws ei stafell. Caeodd ef y tu ôl iddi, a phwysodd arno yn y tywyllwch am sbel. Yna rhoddodd y golau ymlaen a mynd i edrych arni'i hun yn y drych. Yn ei thyb hi, roedd hi'n edrych yn well nag arfer ers iddi fod yn gweithio allan yn yr awyr iach gan fod yr haul wedi lliwio ei bochau – ond dyna fo! Doedd Robin jest ddim yn ei ffansïo hi.

Dychmygu ei fod o ar fin ei chusanu hi wnaeth hi, mae'n rhaid, a chael clamp o ail yn y fargen. Pryd wnâi hi ddysgu mai i bobol eraill yr oedd pethau cyffrous felly yn digwydd – nid iddi hi?

❦

Gorffennodd pawb weithio yn y caeau jest cyn cinio ddydd Gwener. Roedd tymor casglu'r mefus a'r mafon ar ben. Aeth rhai o'r criw adref yn syth ond roedd Gwawr yn aros tan drannoeth a derbyniodd wahoddiad Mrs Preis i fynd efo hi a Robin i'r sioe amaethyddol flynyddol a oedd yn cael ei chynnal yn neuadd y pentref yn y pnawn.

Braidd yn ddwl oedd hi pan gychwynnodd y tri o'r fferm yn y *Land Rover* ar ôl cinio, ond pan gyrhaeddon nhw'r pentref daeth yr haul allan i'w croesawu ac, ar ôl hynny, bu'n tywynnu drwy'r pnawn. Synnodd Gwawr weld cymaint o bobol – a'r rheiny i gyd yn amlwg yn adnabod ei gilydd. Roedd yn anodd cerdded dau gam heb i Robin neu'i fam aros i gael sgwrs efo rhywun: profiad newydd i un oedd yn gweithio yn Llundain ac wedi ei magu yng Nghaerdydd!

Rhyfeddodd hefyd weld y fath gynnyrch. Yr oedd yno flodau o bob lliw a chewri o ffrwythau a llysiau ... teisennau plaen a theisennau ffansi ... gwin cartref ... jam cartref ... potiau o fêl. Allan yn y cae roedd 'na adar, cwningod, moch cwta a llygod bach mewn caetsus, a defaid mewn corlan. Ac yno, yn edmygu maharen, roedd y ddau gymeriad a fu'n mwydro pen Gwawr yn y Delyn dro'n ôl.

'Duwch, yli pwy sy'n fama!' meddai un wrth y llall. 'Robin a'r hogan. 'Dach chi'n dal i rwdlan efo'r Robin 'ma, 'mach i? Ma'n beryg bod peth fel hyn yn mynd yn siriys. Dudwch i mi, oes 'na briodas i fod?'

Sylwodd Gwawr ar unwaith fod Robin yn edrych yn anghysurus a phrysurodd hithau i ddweud: 'Na. Jest ffrindie ŷn ni!' Ac o weld ar wynebau'r ddau nad oedden nhw ddim wedi cael eu perswadio, ychwanegodd: ''Smo fi'n wejen i Robin. Jest ffrind!'

Am eiliad, bu distawrwydd. Edrychodd y ddau ar ei gilydd, eu hwynebau yn bictiwr o benbleth. Yna, edrychodd y ddau arni hi.

'*Be?*' meddai'r un efo'r wyneb crwn, coch. 'Be ddudoch chi?'

'Gweud nad wy'n wejen i Robin. Wejen. Cariad,' eglurodd Gwawr.

Edrychodd y ddau ar ei gilydd eto – ac yna fe ddechreuon nhw chwerthin. 'Argol fawr, lle 'dach chi'n ca'l hyd i'r geiria 'ma, 'dwch?' meddai un. 'Chlwis i rioed air mor ryfadd,' meddai'r llall.

Heddiw, am ryw reswm, roedd eu chwerthin yn heintus, a phan sylwodd Gwawr fod Robin hefyd yn ei ddyblau, dechreuodd hithau chwerthin ei hun. O hynny ymlaen, bu hi a Robin yn chwerthin am bopeth, o'r pethau lleiaf i'r pethau gwirionaf, bron fel pe bai pelydrau'r haul â'u llond nhw o win. Ac am braf oedd cael bod efo Robin, yn llithro'n hamddenol drwy'r dorf neu'n eistedd ar y cae, ac arogl gwellt-newydd-ei-dorri ym mhobman, yn cael hwyl wrth weld rhai'n cystadlu yn y ras sachau neu'r ras drithroed neu'r ras wy mewn llwy. Roedd hi mewn cariad nid yn unig efo Robin, meddyliodd, ond efo'r ardal a'r holl ffordd o fyw.

Yn ei stafell y noson honno, trodd ei llawenydd yn dristwch. Pacio oedd hi. Plygodd bâr o *shorts*: y rheina oedd hi'n wisgo y tro cyntaf erioed iddi ei weld o a hithau wedi aros i drin ei blister. Plygodd ei chrys coch: hwnna oedd hi'n ei wisgo y noson gyntaf yr aeth o â hi i weld y lloeau bach. Roedd i bob dilledyn ei atgofion ac, wrth eu plygu a'u pacio, sylweddolodd Gwawr y bydden nhw'n ei hatgoffa hi o Gymru – ac o Robin – wedi iddi fynd i Lundain yn ôl.

Clywodd gnoc ysgafn ar y drws. 'Helô?' galwodd, a'i chalon yn ysgafnhau y munud hwnnw efo'r gobaith mai Robin oedd yno ...

Agorodd y drws – a daeth Lowri i mewn. Fel arfer, byddai Gwawr yn falch iawn o'i gweld, ond y tro hwn roedd hi'n siomedig.

'Sori os oeddat ti'n disgwl rhywun mwy ecseiting!' meddai Lowri, o weld y siom ar ei hwyneb, 'ond dwi'n cychwyn am adra ymhen rhyw ddeng munud, a fedrwn i ddim mynd heb ddeud ta ta!'

'O dere mewn, Lowri! Wy'n falch iawn o dy weld ti! Shgwl, dyma 'nghyfeiriad i. Nawr, cofia sgrifennu ata i ac unrhyw bryd y byddi di'n moyn lle i aros yn Llunden ...' Cofiodd eto am y fflat yn Llundain: y fflat y byddai'n rhaid iddi ei rannu efo Mared a'i chariad, a meddyliodd ffrind cymaint gwell roedd Lowri wedi bod iddi na fu Mared erioed. 'O Lowri, wy'n mynd i dy golli di,' meddai, a lwmpyn yn ei gwddw. 'Trueni na fydden ni'n byw'n nes.'

'Wel, tasat ti 'mond wedi chwara dy gardia'n iawn efo Robin mi fedrat ti fod wedi landio'n byw yn reit agos imi. Cofia nad ydw i ddim yn byw yn bell iawn o'r fan hyn. Hei Gwawr, be sy'n bod?'

Roedd y lwmpyn yng ngwddw Gwawr wedi mynd yn fwy, a bellach fedrai hi mo'i hatal ei hun rhag crio. 'Beth sy'n bod arna i, Lowri?' meddai. 'Pob tro wy'n cyfarfod bachgen wy'n hoffi does dim byd yn digwydd! Mae e wastad yn dod yn ffrindie 'da fi ond byth yn ddim mwy. Mae'n *rhaid* bod 'na rywbeth yn bod arna i.'

'Yli Gwawr, dwn i ddim pam nad oedd yr hogia erill 'na ddim isio mynd allan efo chdi – ond, yn achos Robin, doedd o'n ddim byd o gwbwl i neud efo chdi. Fedri di ddim gweld mai swil ydy o?'

'O, falle'i fod e damed bach yn swil – ond wy'n gweud wrthot ti Lowri, 'da *fi* mae'r broblem. Smo fe na neb yn fy ffansïo i!'

'Tamad bach yn swil ddudist ti? Tamad bach? Gwawr, ma' Robin druan yn swil *ofnadwy*! Ac mae o'n fwy swil efo chdi nag efo neb. Ond mi wt ti wedi cymyd yn dy ben gymaint nad oes 'na neb isio mynd allan efo chdi fel na fedri di ddim gweld hynny. Gwranda, efo rhywun mor swil â Robin, yr unig beth i'w neud ydy *deud* wrtho fo sut wt ti'n teimlo – achos fedar o byth ddeud wrthat ti.'

Bu geiriau Lowri'n atseinio trwy feddwl Gwawr wrth iddi droi a throsi yn ei gwely y noson honno. Ac wrth iddi orwedd yno, yn methu'n lân â chysgu, cofiodd nad oedd hi wedi ffarwelio â'r ddau lo bach. Penderfynodd fynd i'w gweld; doedd waeth iddi hynny fwy na gorwedd yn ei gwely'n effro. Felly cododd, gwisgodd amdani'n gyflym, ac aeth i lawr y grisiau ar flaenau ei thraed. Yna piciodd i'r beudy ar draws iard y fferm.

Ond nid y lloeau a'r gwartheg oedd yr unig rai yno! Yr oedd Robin yno hefyd, yn gweini ar fuwch a orweddai'n llesg ar y llawr.

'Robin!' meddai Gwawr wedi dychryn. 'O'n i ... o'n i'n methu â chysgu, felly fe feddylies i ddod 'ma i weld y lloi un tro olaf.'

'O. Dwi'n poeni am 'u mam nhw braidd. Tydy hi ddim yn dda.'

Edrychai'r fuwch druan yn ddigon difywyd. Wrth weld mor dyner a charedig yr oedd Robin yn gofalu amdani, cynhesodd Gwawr ato fwy byth. Ond i beth oedd hi haws ag aros yma i arteithio'i hun? Roedd yn ei brifo hi i fod yn ei gwmni o, yn teimlo cymaint amdano fo, pan nad oedd o, yn amlwg, yn teimlo'r un fath amdani hi.

Rhoddodd fwythau i'r lloeau bach ac yna ffarweliodd efo nhw.

'Mi fydd yn chwith iddyn nhw ar d'ôl di rŵan,' meddai Robin.

'A finne hwythe,' atebodd Gwawr. Yna, wrth iddi gerdded at y drws, daeth geiriau Lowri'n ôl iddi eto. Oedd o'n bosib ei bod hi'n iawn? Bod Robin heb wneud unrhyw symudiad i fynd allan efo hi nid oherwydd ei bod *hi*'n erchyll ond oherwydd ei fod *o*'n swil?

Wel, doedd ganddi ddim i'w golli. Tybed hefyd nad oedd yn bryd iddi ddweud yn union beth oedd hi'n ei feddwl, yn hytrach na dweud yr hyn yr oedd pobol eraill am iddi ei ddweud, o hyd?

A'i llaw ar glicied y drws, cymerodd wynt dwfn ac meddai: 'Wy'n mynd i weld eisie'r lloi'n arw, Robin – ond ddim hanner cyment ag y bydda i'n gweld dy eisie di. Ti'n gwybod beth: fe fyddwn i'n rhoi unrhyw beth sy 'da fi am gael bod yn wejen i ti.'

'Argol fawr!' ebychodd Robin. Yna aeth yn dawel – ac wrth i'r tawelwch fynd yn annioddefol, trodd Gwawr ar ei sawdl a mynd.

Doedd hi erioed wedi gwneud hynna o'r blaen! Erioed wedi dweud ei theimladau wrth yr un o'r bechgyn y bu'n hoff ohonynt. Dim ond cymryd yn ganiataol na fyddai'r un ohonyn nhw eisiau mynd allan efo hi a chelu ei theimladau rhag gwneud ffŵl ohoni'i hun.

Wel, meddyliodd, roedd hi wedi gwneud ffŵl go-iawn ohoni'i hun heno! Ond pa ots? Chlywodd neb mohoni hi ond y gwartheg a'r lloeau a Robin. Doedd y gwartheg a'r lloeau ddim callach. A Robin? Wel, ar ôl bore yfory, fyddai hi ddim yn ei weld o eto. Byth!

Am eiliad ar ôl iddi ddeffro fore trannoeth, tybiai Gwawr nad oedd hwn ond diwrnod arall o godi a mynd i hel mafon i'r caeau. Yna cofiodd. Heddiw oedd y diwrnod hwnnw y bu'n casáu ei weld yn cyrraedd. Y diwrnod pan fyddai'n dychwelyd i Lundain i dreulio'i dyddiau mewn swyddfa yn sgrifennu am fywydau pobol eraill, a'i nosweithiau mewn stafell unig mewn fflat a Mared a'i chariad yr ochor arall i'r wal. Yna cofiodd rywbeth arall. Ei sgwrs efo Robin neithiwr. O na, rŵan roedd *meddwl* am y peth yn gwneud iddi wrido. Yn fwy na thebyg, byddai pethau'n reit chwithig rhyngddyn nhw wrth y bwrdd brecwast pan âi hi i lawr!

Ond pan aeth hi drwodd i'r gegin, doedd 'na ddim golwg o Robin. Dim ond Mrs Preis oedd yno, a'r gath frech a'i theulu'n gorweddian ger yr *Aga* goch. Ar y bwrdd, roedd ei brecwast yn aros amdani: llond platiad iawn o gig moch, bara saim, tomato ac wy.

'Dowch rŵan, Gwawr bach. Bytwch lond 'ch bol!' anogodd Mrs Preis. 'Ma' 'na ddigon ohono fo ac ma' gynnoch chi daith hir o'ch blaen.'

Edrychodd Gwawr ar y bwyd. Unrhyw fore arall, meddyliodd, byddai'n ei fwynhau – ond heddiw doedd ganddi ddim stumog iddo fo. Er ei bod yn teimlo'n swil funudau ynghynt o wynebu Robin eto, ar ôl gweld nad oedd o hyd yn oed wedi trafferthu dod yno i ffarwelio efo hi, doedd ganddi ddim archwaeth o gwbwl am fwyd.

Ble roedd o? Roedden nhw i gyd yn cael brecwast efo'i gilydd fel arfer; roedd yn eithriad iddo fo beidio â bod yno. Mae'n rhaid ei bod wedi ei ddychryn o i ffwrdd go-iawn pan ddywedodd y byddai'n rhoi unrhyw beth am gael bod yn gariad iddo fo neithiwr. Wel, yn sicr wnâi hi ddim gofyn i'w fam lle'r oedd o rhag ofn iddo feddwl ei bod hi fel rhyw ddynes wyllt ar ei ôl!

Gwnaeth ei gorau i fwyta rhag brifo teimladau Mrs Preis. Yna, ar ôl rhoi'r fasged â'i llond hi o flodau sych a brynodd yn y sioe y diwrnod cynt iddi'n anrheg, casglodd ei phethau at ei gilydd a chychwyn ar ei thaith. Roedd hi'n cael lifft o'r fferm i'r orsaf gan ddau aelod arall o'r criw a oedd wedi aros ymlaen tan ddydd Sadwrn, ac wrth fynd

yn y car sylwodd unwaith eto, efo tristwch, ar brydferth-
wch y wlad. Roedd yn torri'i chalon i feddwl ei bod yn
gorfod mynd i ffwrdd i Lundain a gadael hyn i gyd ar ei
hôl.

Cyrhaeddodd yr orsaf efo hanner awr dda i'w sbario ac,
wrth iddi eistedd ar fainc ar y platfform, mynnai ei meddwl
lithro'n ôl at Robin o hyd. Rhyfedd! Ar adegau roedd hi
wedi bod mor siŵr ei bod hithau'n golygu rhywbeth iddo
yntau, ond ei siomi a gafodd hi pob tro y mentrodd
obeithio. Twyllo'i hun wnaeth hi – fel roedd ei ddistaw-
rwydd o neithiwr a'i absenoldeb o heddiw yn cadarnhau.

Allan yn bwydo'r ieir oedd Mrs Preis pan welodd hi
Robin yn dod yn ôl ar y tractor. Ac roedd hi'n siŵr nad
oedd hi erioed wedi gweld unrhyw dractor yn symud cweit
mor gyflym o'r blaen!

Allai hi ddim deall beth oedd y brys nes iddo fo alw arni
i ofyn oedd Gwawr wedi gadael. 'O ydy, ers meitin,'
gwaeddodd yn ôl.

Doedd dim amser i'w golli! Roedd yn wir nad oedd ei
gerbyd o ymysg y cyflymaf, felly byddai'n rhaid iddo fo
yrru hynny fedrai o os oedd o am achub y blaen ar y trên.
Yn anffodus, doedd hwn ddim yn ddiwrnod lwcus i Robin!
I ddechrau, roedd o wedi gorfod mynd i nôl moddion i'r
fuwch at y ffariar ben bore. A chan fod y *Land Rover* yn
gwrthod tanio doedd ganddo ddim dewis ond mynd ar y
tractor, er bod hwnnw mor araf â hers. Wrth ddod yn ôl
wedyn, roedden nhw'n gweithio ar y ffordd yn y pentref ac
roedd o wedi cael ei ddal am hir gan y goleuadau. Erbyn
iddo gyrraedd y fferm o'r diwedd, doedd ryfedd fod Gwawr
wedi mynd!

Fedrai o ddim cael ei geiriau hi neithiwr oddi ar ei

feddwl. O na fyddai o wedi medru dweud rhywbeth yn ôl yn lle mynd yn fud! Fel arfer, roedd ei swildod wedi cael y gorau arno fo a rŵan, ar ôl i'r hyn a ddywedodd hi gael cyfle i dreiddio i'w feddwl o a rhoi rhywfaint o hyder iddo fo, efallai ei bod hi'n rhy hwyr.

Faint o'r gloch oedd hi? O na! Deg ar y dot! Roedd y trên i fod i gyrraedd am ddeg, ond doedd dim ond dyrnu 'mlaen amdani! I lawr yr allt â fo, rownd y tro ac ymlaen am y goleuadau. On'd oedd o'n beth od eu bod nhw wastad ar goch pan oedd rhywun ar frys? Ar hynny, sylwodd fod y trên yn yr orsaf. Roedd y peth yn anhygoel! Trystio'r trên i fod mewn pryd heddiw o bob diwrnod. Fel arfer, roedd rhywun yn medru *dibynnu* arno fo i fod yn hwyr. Trodd y goleuadau i wyrdd o'r diwedd – jest fel roedd y trên yn ffrwtian ei ffordd o'r orsaf, gan gario Gwawr o'i fywyd am byth.

Panad! Ar ôl hynna i gyd, roedd arno angen panad i'w helpu i sadio. Parciodd ei dractor wrth yr orsaf ac aeth i mewn i'r caffi i gael panad o de poeth. Wrthi'n ei sipian roedd o pan glywodd lais un o staff *British Rail* yn cyhoeddi bod yn ddrwg iawn ganddyn nhw fod y trên i Crewe dros hanner awr yn hwyr. Ond hwnnw oedd trên Gwawr! Rhyw drên arall welodd o rŵan felly!

Ar hynny, o gornel ei lygad gwelodd liw coch ar y platfform gyferbyn. Ie, rycsac coch Gwawr! Roedd Robin yn cofio sylwi arno fo y tro cyntaf erioed iddo fo'i gweld hi. Roedd o'n mynd heibio ar ei dractor a hithau wedi aros ar ochor y ffordd i dynnu ei hesgid. Er iddo fo ei ffansïo hi yn y fan a'r lle, fedrodd o ddim edrych arni. Gorfododd ei swildod o i edrych draw.

A dyna lle'r oedd hi, yn eistedd yno ar y platfform ger ei

rycsac. Neidiodd Robin ar ei draed, a rhedodd dros bont y rheilffordd. Doedd o ddim am ei cholli hi eto ar chwarae bach! Pan welodd Gwawr o, rhedodd hithau i'w gyfarfod, a neidiodd i'w freichiau. Yng nghanol eu llawenydd, roedd y ddau yn siŵr o un peth: y bydden nhw'n ddiolchgar am byth i'r trên oedd wastad yn hwyr.

Y GWAHODDIAD

Un bore braf o haf, sylweddolodd Non rywbeth a'i dychrynodd hi. Sylweddolodd ei bod wedi mynd yn fwy cyfarwydd â thudalennau blaen ac ôl y *Times* nag oedd hi efo wyneb ei gŵr.

Cael eu brecwast roedden nhw, yn y *conservatory* yn eu cartref moethus: sudd oren ffres, *muesli, croissants* poeth a choffi du. Roedd Non newydd dderbyn cerdyn post oddi wrth ei ffrind, Lea, yn dweud ei bod yn cael gwyliau gwych yn Yr Eidal. Darllenodd ei gynnwys i Huw ond ddaeth 'na'r un smic o ymateb yn ôl. Cododd ei phen i edrych arno – ond doedd 'na ddim ond penawdau, llun a cholofnau o eiriau lle dylai ei wyneb o fod.

Roedd o'r un fath bob bore, wedi meddwl, ond heddiw ddaru'r peth ei tharo hi. Pob amser brecwast byddai'n pori drwy'r papur heb na bw na be. Yn y tudalennau busnes yr oedd ei ddiddordeb o, a byddai wedi eu hastudio'n drylwyr cyn cychwyn i'w waith.

Ie, gwaith: dyna'r unig beth oedd ar ei feddwl o ers misoedd. Roedd o'n dechrau arni ben bore wedi i'r papur gyrraedd, ac ar ôl diwrnod yn y swyddfa, byddai naill ai'n picio adref i gael tamaid o fwyd cyn gadael ar frys gwyllt am ryw gyfarfod neu'i gilydd, neu'n dod â thocyn o waith i'w wneud gartref gyda'r nos. Erbyn meddwl, roedd Non yn cael llai o'i sylw fo bob dydd.

'Gymeri di chwanag o goffi, Huw?' meddai, i geisio creu sgwrs.

'Hm?' meddai Huw'n ddidaro o rywle ym mherfeddion y papur.

'Gymeri di chwanag o goffi, medda fi!' Roedd yn ymdrech i beidio â chodi ei llais gan fod ei thymer yn dechrau poethi. Mewn llais distawach, meddai: 'Atab fi, Huw! *Plîs* atab fi!'

'Y? O na, 'sgin i ddim amsar. Mae'n well i mi 'i chychwyn hi,' atebodd gan fwrw golwg ar ei wats, a neidio ar ei draed.

Roedd o'n ddyn golygus, Huw, pan oedd rhywun yn medru ei weld o. Tal, syth, ei wallt brown golau wedi'i rannu yn yr ochor ac wedi ei dorri'n daclus bob amser; talcen uchel a sbectol ymyl aur dros ei drwyn. Wrth edrych arno'n gadael, meddyliodd Non gymaint roedd hi'n ei garu o – a'r un pryd teimlodd rhyw ofn yn gafael ynddi. Roedd hi wedi dechrau dod yn ymwybodol eu bod nhw'n mynd yn ddieithriaid dan yr un to!

Prin oedd Huw wedi gadael nad oedd o'n ei ôl. 'O Non, paid ag anghofio fod y dyn 'na o Gaerdydd yn dŵad yma am swpar heno 'ma,' meddai. 'Mi ddylan ni fod yn ôl tua chwech o'r gloch.'

'*Be?*' gwaeddodd Non a theimlo'i hun ar fin ffrwydro. 'Pa ddyn o Gaerdydd? Sonist ti ddim gair amdano fo o'r blaen! Yli Huw, neith hyn mo'r tro! Mi fydd yn rhaid i ti neud rhyw drefniada erill. Mi o'n i wedi hannar meddwl mynd allan efo'r genod heno 'ma – a ph'run bynnag, 'sgin i fawr iawn o fwyd yn y tŷ.'

'Wel, cer i brynu peth. Non, dwi wedi'i *wadd* o ac mae o'n gwsmar pwysig iawn i'r cwmni; mae o'n bwysig *i mi* ac yn bwysig *i ni* ... ac mae'n rhaid imi fynd rŵan ne' mi fydda i'n hwyr. Hwyl.'

'Dwi wedi cal llond bol!' datganodd Non wrth gynulleidfa o lestri budron. 'Y fo a'i hen gwmni cyfrifiaduron! Mae hwnnw'n bwysicach na dim byd! A waeth i mi heb â thrio rhesymu efo fo. Bob tro dwi'n cwyno 'i fod o'n rhoid mwy o'i amsar i'w waith nag ydy o i mi, yr un hen atab dwi'n 'i gal. Mae o jest yn deud bod yn rhaid iddo fo weithio'n galad i dalu am 'n ffordd ni o fyw. Ond i be mae rywun haws â gweithio'n ddi-baid i ennill arian os nad oes gynno fo'r amsar hamdden i'w fwynhau o wedyn?'

Roedd yn wir mai ychydig iawn oedden nhw'n fynd allan gyda'r nosau, a doedden nhw ddim wedi cael gwyliau ers tro byd. Gobaith Non oedd y byddai'r neges ar gerdyn Lea wedi temtio Huw i fynd dramor, ond doedd waeth iddi siarad efo'r wal – neu'r llestri – ddim. Beth oedd wedi digwydd i'r cwpwl perffaith 'na oedd yn gwenu o glust i glust yn y llun priodas mawr ar y piano? Roedd ganddyn nhw bopeth: ieuenctid, iechyd, tŷ moethus, car crand bob un, arian – ac eto, fel y brecwast o'i blaen hi, roedd y cyfan rywsut wedi colli'i flas.

Er gwaethaf ei phrotest, mynd allan i brynu bwyd ddaru hi er na wnaeth hi ddim boddran newid na phincio cyn mynd. Aeth yn ei jîns a hen grys-T, ei gwallt brown, hir, angen ei olchi ac yn gorwedd yn llipa dros ei sgwyddau ac o boptu ei hwyneb llwyd.

Tybed oedd y dyn o Gaerdydd yn dda am ddweud y gwahaniaeth rhwng bwyd parod a bwyd wedi ei goginio gartref, meddyliodd, wrth fynd o gwmpas yr archfarchnad. Druan ohono fo os oedd o, oherwydd bwyd parod roedd o'n mynd i'w gael. Fe wnâi hi salad i fynd efo fo; dyna i gyd. Llwythodd ei throli efo tuniau a phacedi ac ambell beth wedi'i rewi. Yna aeth i brynu'r gwin.

Fel roedd hi'n cyrraedd y car y digwyddodd y ddamwain. Byrstiodd y bag mwyaf roedd hi'n ei gario nes bod ei gynnwys dros bob man. Gwylltiodd Non. Roedd y diwrnod hwn yn mynd o ddrwg i waeth, ac, yn ei thymer, rhoddodd gic iawn i dorth o fara garlleg wedi'i rhewi nes ei bod yn hedfan drwy'r aer. Y funud nesaf rhewodd Non, hithau, pan welodd y dorth, wrth syrthio, yn taro rhyw ddyn a oedd yn digwydd mynd heibio, yn ei ben.

'*Oh! Oh, I'm so sorry!*' llefodd. '*Are ... are you alright?*'

'*Well, I think I'll survive!*' atebodd y gŵr. Roedd golwg digon blin arno ond, wrth edrych ar Non yn sefyll yno yng nghanol ei neges a'i hwyneb yn fflamgoch, meddalodd. '*Can I give you a hand with these?*' gofynnodd yn gleniach. '*Where's your car?*'

Helpodd hi i gasglu ei neges rhwng y ceir, gan hyd yn oed fynd ar ei liniau yn ei siwt lwyd olau smart i nôl tuniau a photeli a oedd wedi rowlio o dan ambell gar. Ar ôl iddyn nhw gael y cyfan i fŵt ei char hi, diolchodd Non iddo'n gynnes.

'*It's just been one of those days,*' meddai wrtho, gan deimlo bod arni hi ryw fath o eglurhad iddo fo am ei daro efo'r dorth. '*Everything seems to be going wrong. My husband told me – just as he was leaving the house – that he'd invited some customer from Cardiff over for a meal tonight, so I've had to abandon my plans for the day and the evening to fit in with his. I feel pretty fed up with him anyway as he spends so much time working. The bag bursting was just the last straw!*'

Fe fuon nhw'n sgwrsio am rai munudau. Yna, gan ddweud ei fod yn gobeithio y byddai'r pryd yn un llwyddiannus, ffarweliodd y gŵr yn gwrtais a cherddodd draw at ei gar ei hun. Sylwodd Non mai'r unig beth roedd o wedi'i brynu oedd un botel o win.

Roedd hi wedi bod yn braf cael dweud ei chŵyn wrth rywun, meddyliodd, yn enwedig rhywun oedd yn *gwrando* arni pan oedd hi'n siarad – a hyd yn oed yn *ymateb* i'r hyn roedd hi'n ei ddweud! Ac wrth iddyn nhw sgwrsio, roedd hi wedi sylwi ei fod o'n ddyn reit ddeniadol, efo'i wallt golau cyrliog wedi'i gribo'n ôl o'i wyneb, dwy lygad las a mwstás. Roedd siarad efo fo wedi codi'i chalon hi rywsut, a phan aeth yn ôl adref roedd ganddi fwy o sêl i fynd ati i dwtio'r tŷ a pharatoi'r bwyd.

Erbyn chwech o'r gloch, roedd popeth yn barod. Edrychai'r tŷ bron mor berffaith â thŷ mewn hysbyseb ar y teledu, ac roedd arogl bwyd blasus yn llenwi'r aer. Gallai Non ei hun fod wedi camu o hysbyseb hefyd; efo'i chorff tal, lluniaidd, ei gwallt wedi'i olchi a'i godi, a'i ffrog ddu newydd amdani, edrychai'n soffistigedig dros ben. Doedd dim ond gobeithio y byddai Huw'n gwerthfawrogi'r holl ymdrech roedd hi wedi'i wneud i greu argraff dda ar ei gwsmer, meddyliodd.

Yn fuan wedi chwech, clywodd y car yn cyrraedd. Yna sŵn yr agoriad yn y drws a llais Huw'n dweud: 'Dyna ni! Dowch i mewn, Cai. Drwadd yn y fan hyn mae'r stafall fyw. Gnewch 'ch hun yn gartrefol. Be gym'wch chi i yfad? Liciach chi wisgi bach?'

Arhosodd Non yn y gegin yn teimlo braidd yn nerfus o fynd drwodd. Ond chafodd hi ddim aros yno'n cuddio am hir. Daeth Huw drwodd i'w nôl, ac os disgwyliodd hi iddo ddweud ei bod hi'n edrych yn neis neu bod 'na ogla da yn y gegin, cafodd ei siomi. 'Ty'd drwadd i'w gyfarfod o Non,' meddai a rhuthro yn ei ôl.

Dilynodd Non ef i'r stafell fyw ac yno, ar ei chadair orau, eisteddai'r dyn a drawodd yn ei ben y bore hwnnw efo torth o fara garlleg. 'Cai, dyma Non, fy ngwraig,' meddai Huw. 'Non, Cai Oliver o Gaerdydd.'

❧

Efallai, ystyriodd Non, fod lle i ddiolch bod Huw yn rhoi ei holl sylw i Cai heno, ac yn rhoi cyn lleied o'i sylw iddi hi. Pe bai o wedi sylwi ar ei hwyneb hi pan welodd hi Cai, byddai wedi dychryn. Ond ar Cai roedd o'n edrych, a doedd dim byd o gwbwl a fyddai wedi bradychu eu cyfarfyddiad y bore hwnnw i'w weld ar ei wyneb o! Estynnodd ei law iddi, gan ddweud yn gwrtais: 'Helô, Non. Neis iawn cwrdd â chi. Wy'n gobitho'ch bod chi'n hoffi gwin Valpolicella; fe ges i e yn yr archfarchnad y bore 'ma,' a rhoddodd botel o win yn ei llaw. Y botel win honno a welodd hi'n gynharach yn cael ei chario i'w gar!

'O diolch; neis iawn,' atebodd Non, ei bochau cyn goched â'r Valpolicella. 'Mi a' i â hi drwadd.' Unrhyw esgus i fynd!

Ond ar hynny, dyma Huw yn dweud: 'Non, roedd Cai'n sôn nad ydy o ddim yn gyfarwydd iawn efo'r gogledd, felly mi o'n i'n meddwl y basa fo'n syniad da i ni fynd â fo o gwmpas dipyn bach fory. I ben yr Wyddfa os bydd hi'n braf a wedyn, yn y pnawn, mynd i rwla fel Portmeirion ella. Be wt ti'n 'i ddeud?'

'O ... y ... ia, iawn,' meddai Non, heb fedru meddwl yn ddigon sydyn am esgus i wrthod. Yr un pryd, teimlodd y byddai'n medru hitio Huw! Pam nad âi o â'i westai i ben yr Wyddfa ei hun, heb ei llusgo hi efo nhw? Pam wir! Roedd hi'n gwybod yr ateb i hynna: gwyddai fod Huw wastad yn teimlo'n fwy hyderus mewn cwmni pan oedd hi yno, a'i fod o, fel hithau, yn gwybod ei bod hi'n well o'r hanner am godi a chynnal sgwrs nag oedd o.

Fyddai neb wedi meddwl hynny arni hi y noson honno! Prin ddywedodd hi air trwy gydol y pryd. Fwytodd hi ddim llawer chwaith – dim ond rhyw bigo yma ac acw – oherwydd o'r funud y gwelodd hi Cai, roedd hi wedi colli ei holl archwaeth am fwyd.

Chymerodd hi'r un tamaid o'r bara garlleg. Yn wir, roedd hi hyd yn oed wedi penderfynu peidio â'i syrfio – ond atgoffodd Huw hi ohono fel roedd hi ar fin eistedd wrth y bwrdd. Bara garlleg oedd un o hoff fwydydd Huw ac roedd o wedi'i arogli o pan biciodd o i mewn i'r gegin. Doedd dim amdani felly ond nôl y dorth er bod ei bochau'n fflamio cymaint wrth ddod â hi drwodd nes i hyd yn oed Huw sylwi a gofyn iddi oedd hi'n iawn.

Diflas iawn oedd y sgwrs wrth y bwrdd bwyd i Non gan fod Huw a Cai yn siarad siop. Os nad oedd Huw'n un da am gynnal sgwrs fel arfer, roedd o'n tueddu i siarad fel melin bupur pan oedd o'n trafod gwaith! Eisteddodd Non yno, yn dyheu am i'r noson fod drosodd. Yna daeth gwaredigaeth. Canodd y ffôn.

'Mi a' i!' meddai, a neidio o'i chadair. Gobeithiai glywed llais un o'i ffrindiau hi – ond, er mawr siom iddi, Dan, un o gyd-weithwyr Huw, oedd yno. 'Mae'n ddrwg gin i'ch styrbio chi ond fedra i gael gair efo Huw? Mae o'n reit bwysig,' meddai.

Aeth Non drwodd i'w nôl ac eisteddodd wrth y bwrdd unwaith yn rhagor, er mai'r hyn y carai ei wneud oedd cloi ei hun yn y tŷ bach. Hyd yn hyn roedd hi wedi medru osgoi siarad ac edrych ar Cai rhyw lawer, ond rŵan byddai'n rhaid iddi ei wynebu. Trodd ato, yn barod i ofyn gymerai o ragor o rywbeth, ond gwelodd ei fod yn syllu i fyw ei llygaid ac yn wên i gyd.

'Wel, wel! 'Na sioc i ni'n dou, ontefe?' meddai, 'er wy'n credu 'i fod e'n fwy o sioc i chi nag oedd e i fi. Fe wnes i ame ar ôl cwrdd 'da chi'r bore 'ma falle taw fi oedd y cwsmer o Gaerdydd roeddech chi'n flin bod eich gŵr wedi'i wadd draw am bryd o fwyd.'

'Wel, dwn i ddim be i'w ddeud,' meddai Non, gan deimlo'n dra anghyffyrddus, a gwrido eto. Doedd hi ddim wedi cochi cymaint mewn un noson ers ei dyddiau ysgol flynyddoedd yn ôl.

Lledodd gwên Cai. 'Popeth yn iawn! Peidwch â becso,' meddai wrthi. 'A gweud y gwir, roedd y bwyd yn neis iawn – yn enwedig y bara garlleg. Falle bod y gic 'na wedi gwneud daioni mawr iddo fe. Pwy a ŵyr?' Chwarddodd dros y lle ac, wrth edrych arno, aeth Non i chwerthin hefyd. Roedden nhw wedi torri'r garw, ac ar ôl hynny, fe ddaethon nhw i siarad â'i gilydd yn rhwydd.

O'r diwedd, teimlodd Non ei hun yn ymlacio wrth i'r sgwrs a'r gwin lifo. Roedd hi'n dechrau cymryd at y dyn yma a'i Gymraeg deheuol; roedd o'n glên ac yn agos ati ac yn llawn straeon difyr am droeon trwstan a sgandals byd busnes. Hefyd, fel y sylwodd hi yn y bore, roedd o'n barod iawn i wrando arni hi.

'Gwedwch eich hanes chi wrtho i 'te, Non,' meddai, 'er wy'n teimlo 'mod i'n gwybod rhywfaint amdanoch chi'n barod. Mae Huw'n siarad llawer amdanoch chi, ac mae'n hawdd deall pam!'

Teimlodd Non yn gynnes drwyddi wrth glywed ei eiriau, er na wyddai'n iawn a oedd hynny am ei bod yn falch o ddeall bod Huw yn siarad amdani ynteu am ei bod yn falch bod Cai yn dweud ei fod yn deall pam. 'Dwi'n meddwl 'mod i wedi deud hynny o hanas sy 'na i mi wrthach chi y bora 'ma ar ôl 'ch camgymryd chi am Sais yn y maes parcio!' atebodd – a chwarddodd y ddau.

Daeth Huw drwodd o'r diwedd, yn edrych wedi blino. '*Mae*'n ddrwg gin i orfod 'ch gadal chi mor hir, Cai,' ymddiheurodd, 'ond mae 'na ryw sefyllfa reit gymhleth wedi codi yn y gwaith, ac mae arna i ofn y bydd yn rhaid i mi fynd i'r brif swyddfa y peth cynta yn y bora i drio datrys petha. Hen dro, a finna wedi gobeithio y basan ni'n tri'n medru mynd i ben yr Wyddfa efo'n gilydd. Y peth gora fydda i chi'ch dau fynd hebdda i.'

Teimlodd Non ei chalon yn cyflymu. Diwrnod cyfan ar ei phen ei hun efo'r dieithryn deniadol yma? Roedd y syniad yn un cyffrous iawn ac, yr un pryd, roedd o'n ei llenwi hi efo ofn.

❧

Fedrai hi ddim bod yn brafiach nac yn gliriach drannoeth. Diwrnod i fynd i ben yr Wyddfa os bu yna un erioed! Deffrodd Non yn fore i weld bod Huw eisoes wedi gadael, a throdd drosodd yn ei gwely i fyfyrio am ychydig ar y diwrnod o'i blaen.

Allai hi ddim gwadu nad oedd un rhan ohoni'n edrych ymlaen amdano ac yn teimlo rhyw hen gyffro nad oedd hi wedi'i brofi erstalwm. Ond roedd iddi ran arall, mwy gwyliadwrus, mwy gofalus, a fynnai ofyn tybed oedd hi'n gwneud peth doeth. Er mai dymuniad Huw oedd iddi hi a Cai fynd hebddo fo, rhyw syniad go od oedd treulio diwrnod cyfan efo unrhyw ddyn heblaw ei gŵr!

Y rhan ohoni a oedd yn edrych ymlaen oedd gryfaf wrth iddi godi a molchi a gwisgo. Ar ôl cael cawod, rhoddodd dro ar bron i bopeth yn ei wardrob cyn penderfynu ar y legins a'r top gwyrddlas a edrychai'n dda efo'i gwallt tywyll hi a'r lliw haul ar ei chroen. Yna rhoddodd dipyn mwy o golur nag arfer ar ei hwyneb a chymerodd gryn dipyn o amser i gribo ac i godi'i gwallt.

Ond erbyn iddi gychwyn am westy Cai am naw, roedd hi wedi mynd i deimlo'n reit nerfus, a phan welodd o'n sefyll yn y drws yn aros amdani rhoddodd ei stumog dro. Gwnaeth ymdrech fawr i wenu arno.

'Bore da,' meddai yntau. ''Ni wedi bod yn ffodus iawn o dywydd. Mae hwn y diwrnod perffeth i fynd lan yr Wyddfa, siŵr o fod.'

Roedd o'n iawn. Wrth fynd i fyny ar y trên bach, cawsant weld mynyddoedd mawreddog Eryri yn eu gogoniant, a'r Wyddfa, hithau, ar ei gorau un. 'Mwynhau?' gofynnodd Cai a gwenu i fyw ei llygaid hi fel roedden nhw'n anadlu'r awyr iach ac yn edrych ar yr olygfa o'r copa. 'Yn ofnadwy,' atebodd Non. 'A chdi?'

Doedd hi ddim wedi mwynhau ei hun gymaint â hyn erstalwm. Nid yn unig yr oedd yr awyr yn las a'r wlad yn brydferth, ond roedd hi hefyd mewn cwmni a oedd wrth ei bodd. Roedd Cai yn gyfeillgar, yn ddoniol, yn hawdd iawn gwneud efo fo ac, yn bwysicach na dim i Non, efallai, roedd o'n rhoi ei holl sylw iddi hi.

Cofiodd amser pan fu Huw felly. Amser pan oedd o'n ei rhoi hi yn gyntaf, a'i waith yn ail. Yn ei ffonio hi bob munud; yn ei boddi hi efo blodau; yn gwrando'n astud ar bob gair roedd hi'n ei ddweud. Daeth cwmwl dros y bore perffaith wrth iddi sylweddoli, byth ers iddyn nhw briodi, fod pethau felly wedi mynd yn llai ac yn llai.

Llithrodd ar gerrig rhyddion fel roedden nhw'n dod i lawr o'r garn ar y copa. Ar unwaith roedd Cai yno yn ei dal yn ei freichiau ac yn gofyn: 'Wyt ti'n iawn?' 'Ydw diolch,' atebodd a chochi eto – ond roedd ei chalon yn dyrnu a'i phen yn troi.

Ar ôl mynd i lawr ar y trên bach, fe aethon nhw dow-dow yn y car o Lanberis heibio Pen-y-Pass a Nant Gwynant a chael cinio ym Meddgelert, a Cai'n dal i ddotio at harddwch y wlad. Ymlaen wedyn i Borthmadog ac i bentref Port-meirion. 'Pentref Eidalaidd,' darllenodd Cai ar yr arwydd, a meddyliodd Non mai dyma'r peth agosaf at wyliau yn yr Eidal yr oedd hi'n debygol o'i gael.

Gwirionodd Cai efo'r lle: efo'r adeiladau, efo'r gerddi a'r olygfa. 'Sa i erioed wedi gweld shwd le!' meddai, ac edrych o'i gwmpas mewn rhyfeddod. 'Mae e fel ffantasi wedi dod yn fyw!'

Dyna'n union sut y teimlai'r pnawn i gyd i Non: roedd o fel byw mewn ffantasi. Gwnâi'r adeiladau Eidalaidd yng nghanol Cymru iddi deimlo fod y lle ei hun yn afreal, ac roedd bod yno yng nghwmni dieithryn golygus yn gwneud i'r cyfan ymddangos yn fwy afreal byth. Roedd o'n le mor rhamantus hefyd! Y math o le, meddyliodd Non, y byddai'n mwynhau mynd iddo efo'i chariad. Pam na fyddai Huw byth yn dod â hi i le fel hyn? Hen dro na fyddai o wedi medru dod yno efo nhw. Ac eto, a bod yn onest, roedd yn braf cael bod yno ei hun efo Cai.

'Yli'r peunod 'na'n dangos 'u plu, Cai,' meddai. 'O, a'r rhosod 'na!'

'Ie; maen nhw'n hardd on'd ŷn nhw? Ti'n hoffi rhosod 'te?'

'Ydw. Yn enwedig rhosod cochion. Dyna 'dy fy hoff floda i.'

Cerddodd y ddau i lawr yr allt at y gwesty, a bu'n rhaid i Non gael mynd i mewn i gael sbec. Crwydrodd o un stafell i'r llall yn edmygu'r dodrefn Indiaidd a'r holl gelfi a oedd yno, a chafodd ei hun yn meddwl mor braf fyddai mynd yno rhyw noson am bryd o fwyd. Ar hynny, fel pe bai o wedi darllen ei meddwl, meddai Cai: 'Non, ti'n gwybod beth fydde'n syniad da? Dod yma i fwyta 'da Huw heno. Ti'n credu y dele fe?'

'Ydw, tasat *ti* yn gofyn iddo fo!' meddai Non. 'Mae'n beryg mai deud bod gynno fo ormod o waith fasa fo taswn *i*'n gneud.'

Chwarddodd Cai. 'Iawn 'te,' meddai. 'Fe ofynna *i* iddo fe!'

Y trefniant rhwng Huw a Non oedd ei bod hi'n mynd â Cai o gwmpas yn ystod y dydd, ac yn dod â fo'n ôl adref ddiwedd y pnawn. Gobeithiai Huw y byddai'n ôl o'r brif swyddfa erbyn hynny, ac y medrai felly ymuno â nhw i fynd allan fin nos. Pan gyrhaeddodd Non a Cai y tŷ ychydig cyn chwech, doedd Huw ddim yno. Aeth Non i weld oedd o wedi gadael unrhyw neges iddi ar y peiriant ateb a chlywodd Cai a hithau ei lais yn dweud:

'Non, y fi sy 'ma, Huw. Mae arna i ofn na fedra i ddim dŵad adra heno wedi'r cwbwl. Gwaith yn galw! Mi wela i chdi fory ryw ben. Cofia fynd â Cai allan am bryd fel roeddan ni wedi trefnu. Hwyl.' Diffoddodd Non y peiriant a throdd i edrych ar Cai. Crynodd o weld ei fod yn edrych i fyw ei llygaid hi ...

'Wel, beth ŷn ni am ei wneud 'te?' gofynnodd Cai, gan ddal

i edrych arni. 'Wyt ti'n teimlo fel mynd i Bortmeirion heb Huw?'

Petrusodd Non am eiliad. Un peth oedd mynd â Cai o gwmpas yn ystod y dydd i ddangos rhywfaint o'r ardal iddo, meddyliodd; peth arall oedd mynd allan efo fo ei hun – heb Huw – am bryd o fwyd mewn lle rhamantus gyda'r nos. Eto – os mai dyna oedd dymuniad Huw – beth arall wnâi hi ond mynd, a mwynhau ei hun?

'Pam lai?' atebodd. 'Mi ffonia i'r gwesty i weld oes 'na le.'

Roedden nhw'n lwcus, a theimlodd Non ias o'r un hen gyfuniad o ofn a chyffro yn mynd drwyddi wrth iddi ofyn am fwrdd i ddau. Yna aeth i fyny'r grisiau i wneud ei hun yn barod gan adael Cai yn y stafell fyw efo diod a phapur newydd Huw.

'Does dim rhaid i mi deimlo'n euog,' meddai wrthi'i hun wrth fodelu un wisg ar ôl y llall yn y drych cyn penderfynu o'r diwedd ar y ffrog sidan lliw bricyll. 'Nid yn unig y mae Huw yn *gwbod* fy mod i'n mynd allan efo Cai, y fo sydd *isio* i mi fynd.'

'Arno fo mae'r bai,' meddyliodd wedyn, wrth ail-wneud ei gwallt a rhoi colur ffres ar ei hwyneb. 'Mi fedrai yntau fod yn dŵad allan efo ni heno hefyd tasa fo'n meddwl llai am 'i hen waith.'

Pan oedd hi'n barod, edrychodd arni 'i hun yn y drych. Oedd, roedd hi'n fodlon iawn ar yr hyn a welai. Portmeirion amdani!

'Wow!' meddai Cai pan gerddodd hi i lawr y grisiau o'r diwedd. 'Non, ti'n edrych yn hollol anhygoel! Na, wir nawr! Wy'n teimlo 'mod i'n ddyn ffodus iawn yn cael mynd mas 'da ti.'

Dyna'r union eiriau oedd Non angen eu clywed cyn cychwyn allan am y noson, a chyrhaeddodd y gwesty'n teimlo'n llawn hyder.

Gan ei bod yn noson mor braf, fe eisteddon nhw y tu allan i astudio'r fwydlen, ac yna i sgwrsio a sipian eu diodydd. Sylweddolodd Non gymaint roedd hi'n mwynhau cael bod yng nghwmni rhywun oedd yn trafod rhywbeth heblaw gwaith o hyd. Ffilmiau, llyfrau, gwinoedd: roedd gan Cai rywbeth i'w ddweud am bob un. Ie, dyma oedd arni hi eisiau yn fwy na dim yn y byd: perthynas fel hyn ... cymar fel hyn. Rhywun diddorol, llawn hwyl, a wnâi iddi deimlo'n arbennig ac nid jest yn un wraig tŷ arall. Tybed sut brofiad fyddai cael bod yn wraig i Cai?

Fe fuon nhw'n lwcus o gael bwrdd wrth y ffenest lle gallen nhw ddal i fwynhau'r olygfa. A phan ddaeth y ferch heibio i ofyn beth hoffen nhw ei gael i yfed, wnaeth Cai ddim lol ond archebu siampên. Unwaith eto, cafodd Non y teimlad fod y cyfan yn afreal, a'i bod hi fel pe bai'n actio rhan mewn ffilm.

'Ti'n gwybod beth, Non,' meddai Cai rhyw hanner ffordd drwy'r pryd, 'rwy'n eiddigeddus iawn o Huw. Ma' fe'n foi ffodus iawn yn cael merch fel ti yn wraig. Na, rwy'n 'i feddwl e! A gweud y gwir, fe wedes i wrtho fe nithwr pan wnaeth e fy nanfon i'n ôl i'r gwesty. Gofyn iddo fe! Ma' fe'n foi ffodus dros ben.'

'Bechod na fasa *fo*'n meddwl hynny!' atebodd Non, heb fod yn siŵr sut i ymateb. 'Ma' 'i waith o'n bwysicach iddo fo na fi.'

'Non fach,' meddai Cai a gwenu arni hi'n wancus, 'pe bawn *i*'n briod 'da rhywun fel ti, fyddwn i *byth* yn meddwl am waith!'

Aeth y pryd yn ei flaen, o un gwydraid o siampên i'r llall ac o gompliment i gompliment. Erbyn diwedd y noson, roedd y ddau ohonyn nhw wedi cael gormod i yfed i fedru gyrru'n ôl.

'Paid becso nawr; paid becso!' meddai Cai. 'Fe ffonia i am dacsi i ddod i'n nôl ni. Fe gaiff e fy nanfon i'n ôl i'r gwesty gynta ac wedi 'ny, all e fynd mla'n i fynd â thi tua thre.'

Ond wrth i'r tacsi nesáu am y gwesty, trodd Cai at Non a gofyn: 'Hoffet ti ddod mewn am bum munud i gael coffi bach?'

'Iawn 'ta, ond dim ond am bum munud,' atebodd Non yn hapus feddw, gan deimlo ei bod yn llawer rhy gynnar i fynd yn ôl.

I mewn â nhw i'r gwesty ac i fyny'r grisiau, Cai a'i fraich dros ei sgwyddau hi, a hynny i'w weld yn naturiol iawn i Non. Ar ôl cyrraedd ei stafell, rhoddodd hi i eistedd ar yr unig gadair a oedd yno ac aeth ati i wneud panad o goffi du iddyn nhw ill dau. 'Dyma fe, y coffi gorau yn y byd,' meddai wrth ei gario drosodd. 'Fe fyddi di'n cofio hwn am byth. Coffi Cai.'

Aeth ar ei liniau o'i blaen a rhoi'r gwpan yn ei dwylo ond, cyn iddi gael blasu'r coffi, plygodd ymlaen a'i chusanu'n hir. Am beth od oedd cael cusan gan rywun arall. Roedd hi wedi bod yn briod ers dwy flynedd ac yn canlyn am dair cyn hynny; ers dros bum mlynedd doedd hi ddim wedi cael ei chusanu gan neb ond Huw.

Ddwy gusan yn ddiweddarach, daeth y cwestiwn y bu Non yn gobeithio ac yn ofni ei glywed: 'Non,' sibrydodd Cai yn ei chlust, 'wnei di aros yma heno ... wnei di aros 'da fi? Plîs?'

Doedd hi erioed wedi'i dychmygu ei hun mewn sefyllfa fel hyn ond roedd hi yma rŵan, ac roedd arni eisiau cael ei charu ac roedd hi'n ffansïo Cai. Yma, mewn stafell westy a'r byd go-iawn i'w weld mor bell i ffwrdd, roedd yn hawdd gadael iddo'i harwain at y gwely. Ond fel roedd hi'n gorwedd, sylwodd ar y llun ar y bwrdd wrth ei hymyl. Llun o ddynes a dwy ferch fach.

❧

'Cai,' meddai, 'pwy 'dy ... pwy 'dy'r ddynas a'r plant 'na yn y llun?'

'Hm?' meddai yntau. Yn amlwg, y funud honno, roedd y ddynes a'r plant yn bell iawn o'i feddwl o. Ond yr ail waith i Non ofyn y cwestiwn, atebodd: 'Wel, pwy wyt ti'n feddwl ŷn nhw?'

'Dy ... dy wraig a dy blant di?'

'Ie. Iawn tro cynta; da iawn!'

Sobrodd Non drwyddi, a neidiodd ar ei heistedd ar y gwely.

'Hei!' meddai Cai. 'Beth ti'n neud? Beth sy'n bod nawr?'

'Be sy'n bod? Be sy'n bod? Dy wraig a dy blant di sy'n *bod*! Cai, pam na fasat ti'n deud wrtha i dy fod ti wedi priodi?'

'Wel, wnest ti ddim gofyn! A wnaeth y pwnc jest ddim codi.'

Eisteddodd Non ar erchwyn y gwely. Roedd 'na gur yn dyrnu drwy'i phen. Rhyfedd! Roedd hi wedi cymryd yn ganiataol o'r dechrau nad oedd Cai ddim yn briod – efallai am ei fod o'n siarad am bob un dim dan haul ond ei wraig! Fel roedd hi'n eistedd yno'n ymdrechu i sadio, estynnodd

Cai amdani ar draws y gwely a cheisio'i thynnu'n ôl i'w freichiau unwaith yn rhagor. Ond atgoffai hi'n awr o octopws, a cheisiodd ei wthio fo draw.

'Non, w! Dere 'ma! 'Sdim ots amdanyn nhw. Maen nhw'n ddigon pell i ffwrdd. Mae tua dau can milltir rhwng fan hyn a Chaerdydd. Does dim rhaid iddyn nhw wybod dim. Na Huw chwaith. 'Sdim byd o'i le mewn cael hwyl bach diniwed 'da'n gilydd, o's e? Ni ddim yn rhoi dolur i neb ... ac mae'r pethe 'ma *yn* digwydd.'

'Ydyn nhw, Cai? Ydy peth fel hyn wedi "digwydd" i ti o'r blaen?'

'Wel ... Rwy'n gwitho oddi cartre lawer o'r amser; ma' fe'n bownd o ddigwydd ambell waith, on'd yw e? A pham lai?'

'Dwi'n mynd,' meddai Non, a chasglu ei phethau at ei gilydd. Roedd yn hwyr glas ganddi gael gadael y gwesty yma a bod allan yn yr awyr iach. 'Diolch i ti am y pryd, ac am dy gwmni di, ond fedra i ddim aros. Wnei di ffonio am dacsi i mi plîs?'

'Ffona fe dy hunan!' brathodd llais dieithr arni. Ie, Cai oedd piau'r llais hwn hefyd – ond roedd o'n wahanol iawn i'r llais meddal, melfedaidd, y bu hi'n ei gysylltu efo fo tan hyn.

Edrychodd arno a sylwodd ei fod yn *edrych* yn wahanol hefyd. Roedd ei wên wedi mynd ac roedd ei lygaid yn gas. 'Wy'n credu 'mod i wedi gwario digon arnat ti am un noson heb gael galwad ffôn am dacsi ar fy mil hefyd,' cwynodd. 'Cer i'r jawl!'

Saethodd Non drwy'r drws, a baglodd ei ffordd i lawr y grisiau. Yna rhedodd allan i'r tywyllwch ac i'r orsaf dacsis yng nghanol y dref. Costiodd gryn dipyn iddi gael tacsi oddi yno yr holl ffordd i'w chartref, ond pris bychan oedd hynny i'w dalu, meddyliodd, o'i gymharu â'r pris am dreulio noson efo Cai.

Sŵn cloch y drws a'i dihunodd hi o'i chwsg fore trannoeth. Cododd, i ddarganfod bod ei phen yn dal i guro a'i cheg yn hollol sych. Llanc ifanc oedd yno, yn danfon blodau iddi hi: bwnsiad mawr o rosod cochion. Cariodd nhw i'r tŷ a darllenodd y geiriau ar y cerdyn. Pedwar gair oedd yna. 'Mae'n ddrwg gen i.'

'Hy!' meddai'n uchel. ' "Mae'n ddrwg gen i" wir! Dydy "mae'n ddrwg gen i" ddim digon da ... dim ar ôl ddoe ... dim ar ôl neithiwr!'

Cafodd ei themtio i daflu'r blodau, ond penderfynodd eu bod yn rhy hardd i fynd i'r bin. Felly, taflodd y cerdyn yn unig, yn rhannol am fod ei neges yn ei gwylltio, a hefyd rhag ofn i Huw ei weld pan ddeuai'n ôl a holi pam oedd Cai yn ymddiheuro.

Coffi! Dyna oedd arni ei angen. Panad ddu i glirio'i phen. Ond fel roedd hi'n berwi'r dŵr, daeth y geiriau 'coffi Cai' i'w meddwl. Roedd hynny'n ddigon. Erbyn hyn roedd o a phopeth roedd hi'n ei gysylltu efo fo yn troi arni. Diffoddodd y tegell a gwasgodd ddau oren. Gwell fyddai cael diod o sudd oren ffres.

Wrth ei sipian, meddyliodd eto dros ddigwyddiadau'r ddau ddiwrnod a aeth heibio. Cofiodd gyfarfod Cai ym maes parcio'r archfarchnad a'r sgwrs a gafodd hi efo fo yno; y sioc a gafodd hi o'i weld o wedyn yn ei stafell fyw gyda'r nos; y diwrnod delfrydol ar ben yr Wyddfa ac ym Mhortmeirion; y pryd rhamantus i ddau wedi'i olchi i lawr efo siampên. Roedd o mor gyfeillgar, mor gwrtais, mor ofnadwy o *charming* drwy'r amser. Na, doedd yna ddim awgrym o gwbwl o'r hyn oedd i ddod.

'I feddwl 'mod i wedi llwyddo i dwyllo fy hun 'i fod o fel rhyw dywysog hud wedi dŵad i fy neffro fi o fy mywyd bach undonog,' meddai wrth y llestri. 'Ond be oedd o goiawn? Dim ond ryw ddyn busnas dwy-a-dima'n meddwl dim o dwyllo'i wraig.'

Teimlai mor flin efo hi'i hun am fod wedi colli'i phen fel'na; am fod mor ddiniwed ... ie, ac mor dwp, â syrthio i'r trap! Efallai nad oedd gan Huw ddim o bersonoliaeth Cai, na dim o'i allu i gynnal sgwrs, na dim o'i ddawn i swyno, ond teimlai Non erbyn hyn fod Huw werth can mil ohono fo. Ac wrth edrych o gwmpas y gegin a gweld ei sanau budron annwyl o'n aros am gael eu golchi, teimlodd rhyw don fawr gynnes o gariad tuag at ei gŵr. Diolch byth mai Huw roedd hi wedi ei briodi, meddyliodd, er gwaetha'i ffaeleddau, ac nid rhywun fel Cai.

Gwnaeth ymdrech arbennig i edrych ei gorau iddo fo'r noson honno. Gwisgodd ei ffrog werdd olau a chymerodd amser i roi ei cholur ac i godi'i gwallt. Pan ddaeth o drwy'r drws a cherdded yn syth ati a'i chusanu, meddyliodd am eiliad fod ei hymddangosiad wedi cael rhyw effaith wyrthiol arno fo! Ond na, gwelodd yn fuan fod rhywbeth dyfnach na hynny wedi dod drosto. Roedd hwn yn Huw fel roedd o erstalwm yn ei ôl.

'Mae'n ddrwg gin i, Non,' meddai, 'am fethu dŵad yn ôl neithiwr. Diolch i ti am ofalu am Cai; dwn i ddim be nawn i hebddat ti, wir! Rŵan ta, cau dy llgada; ma' gin i sypreis i ti'n fama.'

Ufuddhaodd Non, a phan agorodd ei llygaid wedyn, gwelodd fod *brochure* gwyliau wedi cael ei osod ar y bwrdd o'i blaen. Roedd o wedi ei agor ar dudalen yn dangos gwyliau pythefnos yn Venice a Florence ac, wrth ei ochor, roedd tocynnau i ddau.

Edrychai Huw braidd yn swil. 'Gan 'mod i wedi methu dŵad efo chi i Bortmeirion ddoe, mi feddylis i y basa'n syniad da i'r ddau ohonan ni fynd i'r Eidal 'i hun,' eglurodd yn gloff.

'O Huw! O, mae hynna'n ffantastig!' gwaeddodd Non. 'Gwylia am bythefnos yn Venice a Florence! Dwi'n methu coelio'r peth!'

Yna, yn sydyn fel saeth, daeth amheuaeth i'w meddwl. Tybed? Oedd o'n bosib fod Huw wedi bod efo rhywun arall tra bu i ffwrdd neithiwr, ac mai dyma sut roedd o'n ceisio delio â'i euogrwydd? Ei fod yntau wedi bod yn chwarae yr un gêm â Cai?

'Huw,' meddai, 'deud wrtha i, be'n union sy tu ôl i hyn i gyd?'

'Dim byd,' atebodd Huw, ond doedd o ddim yn un da am ddweud celwydd. 'Wel ... ocê ta ... fedra i gadw dim rhagddat ti. Neithiwr, mi es i i aros yn y gwesty 'ma, ac mi es i i deimlo'n reit unig.' Daliodd Non ei gwynt, yn ofni'r frawddeg nesaf. 'A dyma fi'n mynd i feddwl amdanat ti, ac yn gweld dy golli di. A wedyn, dyma fi'n cofio rwbath ddudodd Cai y noson cynt wrth i mi'i ddanfon o'n ôl i'r gwesty. Deud nath o fy mod i'n ddyn lwcus iawn yn cal merch fel chdi yn wraig. Wel, yn sydyn, dyma fi'n dechra meddwl tybad ... tybad ... fasa 'na rwbath yn digwydd rhyngddoch chi'ch dau tra o'n i'n fanno. Sori Non, am dy ama di, ond unwaith ro'n i wedi meddwl hynny, fedrwn i feddwl am ddim arall a chysgis i ddim drw'r nos. Ac wrth i mi orwadd yn fanno'n hel meddylia, mi sylweddolis i cyn lleiad o sylw o'n i wedi 'i roid i ti'n ddiweddar oherwydd 'mod i mor brysur yn gweithio a dyma fi'n penderfynu: o heddiw ymlaen 'mod i'n mynd i droi dalan newydd – os nad ydy hi'n rhy hwyr?'

119

Cododd Non a mynd ato a gafael yn dynn amdano. Gallai ei deimlo'n ymlacio.

'O, gyda llaw,' meddai wrthi, 'oedd y bloda'n plesio? Mi o'n i'n iawn, 'do'n? Rhosod coch 'dy dy hoff floda di, 'te?'

AR GWR Y GAMLAS

Yn ddiweddar, pob tro yr edrychai Lois yn y drych, nid merch ddeniadol efo esgyrn boch uchel, dwy lygad werdd loyw a gwallt coch tywyll, cyrliog, hyd at ei hysgwyddau, a welai o'i blaen. Y cyfan a welai hi oedd rhychau. Roedd 'na rai o gwmpas ei llygaid a rhai rhwng ei cheg a'i thrwyn ac, unwaith, pan gafodd gip arni'i hun yn gwenu, dyfnhaodd y rhychau gymaint nes gwneud iddi deimlo ei bod yn debyg i gath frech.

Doedd hi ddim wedi astudio ei hwyneb mor fanwl ers dyddiau ei harddegau. Bryd hynny, ei archwilio am smotiau fyddai hi. Ei archwilio am linellau oedd hi erbyn hyn. A hynny am fod ganddi ben blwydd pwysig ar y gorwel: ei phen blwydd yn ddeugain oed.

Oedd, roedd cyrraedd ei deugain yn dipyn o garreg filltir. Roedd o'n amser i edrych dros ei bywyd i gyd – ei orffennol a'i bresennol a'i ddyfodol; i ystyried beth roedd hi wedi ei gyflawni; lle roedd hi wedi'i gyrraedd ac i lle'r oedd hi'n mynd.

Mewn rhai ffyrdd, roedd hi'n ddigon bodlon ar bethau. Yn ariannol, roedd hi'n iawn arni a doedd ganddi ddim morgais i'w dalu ar ei chartref ar gwr y gamlas. Swatiai ei bwthyn chwaethus mewn pictiwr o ardd rosod, ei lond o o hen bethau gwerthfawr a chain. Roedd y siop ganddi hefyd, er nad oedd honno'n ddim ond hobi bach mewn gwirion-

edd. Tueddai i agor a chau fel y mynnai ac roedd ei chws-
meriaid wedi hen arfer â'r oriau anwadal. Gadawai hynny
ddigon o amser rhydd iddi fynd o gwmpas i chwilota am
hen bethau diddorol i'w prynu i'r siop ac i'w chartref ac i
fwynhau ei diddordebau eraill: darllen, gwneud lluniau efo
blodau wedi'u sychu a beicio ar hyd y wlad.

I'w thad yr oedd y diolch am ei bywyd cyfforddus.
Roedd o wedi gofalu na fyddai raid iddi byth boeni am
bres. Aeth dwy flynedd heibio ers ei gladdu ond teimlai
Lois yn amal ei fod o'n dal i fod yno efo hi: o gwmpas y tŷ
ac yn enwedig yr ardd. Roedd ôl ei fysedd o ym mhob
cornel ohoni, ac ymdrechodd hithau i'w chadw hi'n union
fel roedd hi cyn iddo fo fynd yn sâl.

Alzheimer. Un gair a ddinistriodd feddwl ei thad a'i
bywyd hithau; ei gwneud hi'n llwyr gyfrifol amdano fo ac
yntau'n llwyr ddibynnol arni hi. Anghofiai hi byth y trist-
wch a deimlai wrth weld ei feddwl miniog a'i bersonoliaeth
hwyliog yn araf gael eu chwalu; wrth glywed y gŵr a fu
unwaith mor huawdl yn ail-ddweud yr un geiriau, lawer
gwaith trwy'r dydd.

Yr oedd hi wedi ei golli o ymhell cyn iddo fo farw; wedi
gwneud ei galaru tra oedd o'n dal yn fyw. Pan ddaeth y
diwedd, felly, doedd 'na ddim ar ôl i'w deimlo ond rhydd-
had fod y cyfan drosodd – ac eto, fel yr aeth y misoedd
heibio, sylwodd ei fod wedi gadael cryn fwlch ar ei ôl. Er
na fedrodd ei thad gynnig llawer o gwmni iddi ers tro, o
leiaf roedd o yno. Rŵan, am y tro cyntaf yn ei bywyd,
roedd hi'n hollol ar ei phen ei hun.

Roedd ganddi hi ffrindiau. Y drwg oedd bod gan y
rheiny i gyd eu cariadon neu eu gwŷr a'u teuluoedd eu
hunain, a doedd gan yr un ohonyn nhw lawer o amser

dros ben iddi hi. Cofiai un noson, rhyw chwe mis wedi marw ei thad, pan fyddai hi wedi rhoi'r byd am gwmni. Ffoniodd Elen, ei ffrind gorau, ond roedd Elen wedi trefnu mynd allan efo Noel, ei chariad, y noson honno. Ffoniodd ffrind arall – ond roedd hi wedi addo cael noson i mewn efo'i gŵr. Ffoniodd drydedd ffrind – ond fedrai hithau ddim dod allan: roedd un o'r plant efo gwres ac wedi mynd i'w wely. Y diwedd fu i Lois dreulio'r noson yn unig, o flaen y tân, ar ei phen ei hun. Derbyniai, wrth gwrs, bod yn rhaid i'w ffrindiau roi'r flaenoriaeth i bobol eraill – ond dyheai am gael rhywun a fyddai'n rhoi blaenoriaeth iddi hi.

Bu ganddi hi gariadon. Yr oedd hynny fel petai mor bell yn ôl erbyn hyn nes gwneud iddi deimlo ei fod wedi digwydd iddi mewn rhyw fywyd arall, ganrifoedd yn ôl, yn hytrach nag mewn cyfnod cynharach o'i bywyd presennol! Carl oedd enw'r diwethaf. Y fo oedd ei chariad hi pan gafodd y newydd bod clefyd Alzheimer wedi cael gafael yn ei thad. Tybiodd y byddai'n gefn iddi, ond nid felly y bu hi. Cwynai Carl o hyd ei bod hi'n rhoi gormod o amser a sylw i'w thad, ac yn ei esgeuluso fo! Ni fu'n hir cyn hel ei bac, a fu yna neb arall ar ei ôl.

Ie, dyna oedd ar goll. Er bod ganddi fywyd reit braf, roedd o'n fywyd gwag gan nad oedd ganddi neb i'w rannu o efo hi. A rŵan ei bod hi ar drothwy ei deugain, roedd hi wedi dechrau anobeithio cyfarfod â neb byth. Yn un peth, roedd y rhychau 'na'n golygu ei bod hi'n mynd yn llai a llai deniadol, a ph'run bynnag, doedd 'na fawr iawn o ddynion o'r un oed â hi'n rhydd.

Ar fore ei phen blwydd cafodd ei deffro gan sŵn y ffôn yn canu. 'Pen blwydd hapus!' meddai llais Elen. 'Lois, mi

wn i nad oes arnat ti ddim isio ffŷs ond dwi wedi cael syn-
iad! Be am i ni'n dwy fynd am bryd o fwyd i'r Bad Blodau
yng Nghaersain?'

'O ia! Grêt! Mi 'na i fwcio. Erbyn pryd awn ni? Tua
wyth?'

'Wel ... a deud y gwir ... meddwl y gallan ni fynd yna am
ginio o'n i. Dwi wedi trefnu gweld Noel heno 'ma, ti'n
gweld.'

'O! Wela i. Wel ... be am i ti ddŵad yma erbyn deuddag
'ta?'

Cafodd y ddwy ginio da iawn ym mwyty-cwch enwog y
Bad Blodau a phnawn difyr wedyn yn sbeuna o gwmpas
siopau Caersain. Prynodd Lois ddau ganhwyllbren anghyff-
redin a llyfr iddi hi'i hun yn anrheg. Yna'n ôl â nhw i'r car
a chyrraedd adref am chwech.

Teimlai Lois yn fflat. Cychwyn allan ddylai hi fod yn ei
wneud rŵan, nid cyrraedd adref; roedd hi'n llawer rhy
gynnar ac yn rhy braf i gau ei hun yn y tŷ am y nos! O leiaf,
medrai fynd am dro ar gefn ei beic ar hyd y llwybr ger y
gamlas, meddyliodd, a mwynhau'r harddwch a'r tawelwch
ar noson braf o haf.

Wrth reidio dow-dow, aeth i feddwl am ei chanwyll-
brennau newydd, ac i ddychmẏgu mor braf fyddai cael
paratoi pryd rhamantus o fwyd efo gwin i rywun arbennig
– a'r ddau ganhwyllbren ar ganol y bwrdd. Roedd hi wedi
ymgolli cymaint yn ei breuddwyd fel na welodd hi mo'r ci
du a gwyn yn neidio o un o'r cychod ar y gamlas ac yn
saethu ar draws ei llwybr. Yr eiliad nesaf roedd hi wedi
mynd yn ei erbyn, nes bod y ci druan yn sgrialu, a hithau
a'i beic yn bendramwnwgl ar lawr!

'Shwn! Shwn! Dere 'ma!' clywodd lais yn galw. Yna

cynhyrfodd y llais a gweiddi: 'Yffach dân! Be ddigwydd-odd? Ŷch chi'n olreit?'

Edrychodd Lois i fyny, a gwelodd ddyn tal, tywyll – ac ia, golygus hefyd – yn gwyro uwch ei phen i'w helpu i godi. Roedd ganddo wallt du hir; mwstás a barf, a modrwy aur yn ei glust.

'Dwi'n meddwl 'mod i,' atebodd gan godi ar ei thraed braidd yn sigledig, a cheisio cerdded. 'Be am y ci? Ydy o'n iawn?'

'Shwn? Ody, ody, ma' *fe*'n olreit! Mae 'da'r ci 'na fwy o fywyde nag unrhyw gath, wir i chi. Mae'n ddrwg iawn 'da fi drosto fe. Shgwlwch, dewch mewn i'r cwch am ddish-gled o de.'

Ar ôl y fath sgytwad, roedd Lois yn ddigon parod am banad, felly derbyniodd ei wahoddiad heb unrhyw berswâd. Roedd y cwch yn ddigon o ryfeddod y tu mewn: popeth mor dwt ac mor artistig. Dysgodd rywfaint am ei berchen-nog wrth sipian ei the.

Aled oedd ei enw, a'r cwch oedd ei gartref. Roedd o'n gweithio ar ei liwt ei hun, fel sgrifennwr, ac yn cyfrannu erthyglau ar gychod a bywyd gwyllt yn bennaf i gylch-gronau dros y byd. Ei fwriad oedd treulio rhyw bythefnos yn yr ardal honno'n casglu gwybodaeth am y perlysiau oedd yn tyfu yno ar gyfer rhyw lyfr oedd ganddo ar y gweill.

'Fe weles i siop ddiddorol yn y pentref heddi,' meddai 'yn gwerthu hen bethe a hen lyfre. O'n i moyn mynd i weld oedd 'da nhw lyfre ar berlysie 'na, ond yn anffodus rodd hi wedi cau.'

'O diar!' chwarddodd Lois. 'Fy siop i oedd hi! Fues i ddim i mewn heddiw; mi rois i'r diwrnod i'r brenin! Ond mi fydda i yna fory ac *mae* gin i lyfra ar berlysia. Dowch draw.'

Roedd hi'n mwynhau cwmni Aled gymaint fel nad oedd arni ddim eisiau gadael, ond ar ôl gorffen ei the penderfynodd y byddai'n well iddi fynd. Wrth reidio'i beic yn ôl, meddyliodd y byddai'n siŵr o gofio noson ei phen blwydd yn ddeugain: y noson y cyfarfu â dieithryn a wnaeth iddi deimlo'n ddeunaw oed.

🍎

Byddai Lois bob amser yn gosod y pethau bach mwyaf diddorol yn ffenest y siop er mwyn denu'r cwsmeriaid, ond y llyfrau oedd yn mynd â'i bryd hi fwyaf – yn enwedig yr hen lyfrau wedi eu rhwymo mewn lledar, a'u tudalennau'n dechrau melynu. Fore trannoeth, y peth cyntaf wnaeth hi ar ôl agor y siop oedd mynd draw i gael golwg arnyn nhw. Oedd, roedd ganddi hi bedwar o lyfrau ar berlysiau, a dau ohonyn nhw'n arbenigo ar berlysiau'r ardal honno. Gwych, meddyliodd. Fe fyddai Aled wrth ei fodd.

Roedd o wedi bod ar ei meddwl hi drwy'r amser ers iddi ei gyfarfod. A'r bore hwn, roedd hi wedi rhoi mymryn o golur ar ei hwyneb cyn cychwyn allan, am y tro cyntaf ers hydoedd, ac wedi gwisgo ei hoff ffrog. Yr un pryd, teimlai'n flin efo hi'i hun am fod mor wirion. Dyma hi, wedi cyrraedd oed lle'r oedd hi i fod yn gall ac yn gyfrifol, ac yn actio'n rêl ffŵl.

Ond un peth oedd *dweud* wrthi'i hun y dylai gadw rheolaeth ar ei theimladau. Y funud y gwelodd hi Aled yn dod i mewn i'r siop, teimlodd ei chalon yn colli curiad a'i choesau'n rhoi oddi tani – a doedd 'na ddim byd o gwbwl y gallai hi ei wneud ynglŷn â hynny. Roedd pethau felly y tu hwnt i'w rheolaeth hi!

'Haia, Shwn, sut wt ti y bora 'ma?' meddai, gan blygu i anwesu'r ci, yn falch o'r cyfle i guddio rhywfaint ar ei swildod. Ond unwaith y dechreuodd drafod y llyfrau ar berlysiau efo Aled roedd hi'n fwy hyderus, a theimlodd ei chwithdod yn raddol fynd.

Bodiodd Aled y tudalennau mewn rhyfeddod. 'Sa i'n gallu credu'r peth!' meddai. 'Maen nhw'n jest beth wy moyn! Bydd y rhain yn help aruthrol i fi 'da'r llyfr wy'n sgrifennu. Fe gym'ra i'r ddau hyn ar berlysie'r ardal hon os gwelwch yn dda.'

Tra oedd Lois yn delio â'i gerdyn *Visa*, edrychodd yntau o'i gwmpas. 'Hei, ma'r lle hyn fel ogof Aladdin, on'd yw e?' meddai. 'Mae e'n llawn rhyfeddode. Beth yw hwn, 'te? Ac i beth mae hwnna'n da?'

Wrth ei dywys o gwmpas y siop, yr oedd Lois yn ei helfen. Doedd dim yn well ganddi na thrafod hen bethau a hen lyfrau ac adrodd y straeon bach difyr y tu ôl i ambell un. Gwrandawai Aled â diddordeb mawr, a'r diwedd fu iddo brynu – yn ogystal â'r ddau lyfr ar berlysiau – hen lyfr ar sipsiwn, blwch pren addurniedig o India a chasgliad o hen gardiau post.

'Wy'n meddwl bod yn well i mi fynd nawr, cyn i mi brynu'r siop!' meddai, wrth dalu eilwaith. 'Na, o ddifri, wy'n falch iawn o gael y llyfre 'ma, a'r blwch, a wy wedi mwynhau ý bore 'ma'n fawr iawn.'

Gwenodd arni'n gynnes ac, am eiliad, meddyliodd Lois ei fod ar fin dweud rhywbeth arall. Os hynny, newidiodd ei feddwl. Ond wrth gerdded at y drws lond ei hafflau, trodd yn ôl a dweud: 'Galwch heibio rywbryd. Chi'n gwbod lle i gal hyd i Shwn a fi.'

Gwenodd Lois yn ôl ac, am weddill y dydd, prin y gadawodd y wên ei gwefusau. Doedd hi ddim wedi teimlo mor hapus â hyn ers tro! Roedd y bore yn ei gwmni wedi gwneud byd o les iddi, ac yn nhu ôl ei meddwl roedd y sicrwydd cynnes braf y byddai'n ei weld o eto gan ei fod fwy neu lai wedi ei gwahodd hi draw.

Cafodd ei themtio i fynd i'w weld y noson honno ar ôl swper ond roedd ei synnwyr yn dweud bod hynny'n rhy fuan! Byddai'n ddoethach aros tan y noson wedyn rhag gwneud ffŵl ohoni'i hun. Ceisiodd setlo efo'i llyfr newydd a phanad o goffi a record yn y cefndir, ond roedd ei meddwl hi'n dianc ato fo bob gafael. Teimlai'r angen i'w weld o eto, neu – os nad oedd hynny'n bosib – o leiaf i siarad amdano. Felly ffoniodd Elen i ddweud yr hanes gan geisio peidio â swnio fel merch ysgol bymtheg oed.

'O,' meddai Elen, yn araf, ar ôl iddi orffen. 'Ond be'n union ydy 'i hanas o, Lois? Wyddost ti os ydy o wedi priodi?'

'Wel, nac ydy am wn i. Hynny ydy, dwi'n cymyd nad ydy o ddim.'

'Mm. A thua faint ydy 'i oed o? Ydy o tua'r un oed â chdi?'

'Dwi ddim yn gwbod wir, Elen. Wel ... ychydig fengach, ella.'

'Hm. Dwi'n meddwl y dylat ti fod yn ofalus. Dwyt ti'n gwbod fawr ddim amdano fo. Beth bynnag nei di, paid â cholli dy ben!'

Trystio Elen i daflu dŵr oer ar bob dim, meddyliodd Lois ar ôl eu sgwrs, gan ddifaru ei bod wedi ei ffonio. Roedd hi'n teimlo mor dda cyn siarad efo hi ... a rŵan? Wel, mae'n debyg mai Elen oedd yn iawn! Ond er na ddywedodd hi hynny wrthi hi, roedd Lois yn amau ei bod hi'n rhy hwyr efo'i rhybudd. Gwyddai ei bod hi hanner ffordd i fod mewn cariad efo Aled erbyn hyn.

Welodd hi ddim abwyd ohono fo yn ystod y dydd drannoeth ond doedd dim ots; roedd hi wedi penderfynu mynd draw i'w weld o ar ôl swper. Llywiodd ei beic yn hamddenol drwy'r tawelwch braf ar gwr y gamlas a daeth awel fach gynnes i anwesu ei boch.

Fel y nesaodd at y cwch, gwelodd Aled yn eistedd y tu allan yn darllen – a phan gododd ei ben o'i lyfr teimlodd lawenydd yn cynnau drwyddi, o sylwi mor falch yr edrychai o o'i gweld.

'Helô! O'n i'n meddwl falle y byddech chi'n dod draw heno. Croeso i'r cwch,' meddai. 'Beth alla i gynnig ichi? Coffi neu de?'

Wrth i Aled wneud panad iddyn nhw yn y cwch, edrychodd Lois o'i chwmpas unwaith eto – a syrthiodd ei llygaid ar y llyfr ar sipsiwn a werthodd hi iddo. Agorodd y clawr. Y tu mewn, gwelodd y geiriau: 'I Alaw, gyda chariad mawr'. Teimlodd y llawenydd yn llifo allan ohoni, a chaeodd y llyfr yn glep!

Pan ddaeth Aled draw at y bwrdd efo dwy banad chwilboeth a bisgedi, ychydig feddyliodd o fod Lois wedi syrthio o ben y byd i'w waelod tra oedd o wrthi'n paratoi te! Bu'n sgwrsio â hi'n brysur am bob math o bethau, a gwnaeth hithau ymdrech fawr i beidio â chymryd arni fod unrhyw beth wedi'i hypsetio. Wedi'r cyfan, doedd ganddi hi ddim hawl yn y byd arno fo. Os oedd gan Aled gariad o'r enw Alaw, doedd a wnelo hynny ddim oll â hi.

'Beth amdanoch chi 'te, Lois? Ŷch chi wedi bod yn byw 'ma erioed?' gofynnodd Aled iddi ar ôl iddyn nhw fod yn sgwrsio am dipyn. Edrychodd arni'n ddwys, fel pe bai o wirioneddol eisiau gwybod, a bod pob manylyn o'i hanes o ddiddordeb iddo fo.

'Naddo; dim erioed. Wel, a deud y gwir, dim ond ers deng mlynadd. Mi symudodd Dad a finna yma'n fuan ar ôl iddo fo ymddeol. Camlesi oedd petha Dad. Mi ddaru o sgwennu llyfr amdanyn nhw, a'i freuddwyd mawr o erioed oedd cael byw mewn lle fel hyn wrth ymyl camlas rhyw ddydd. Yn anffodus, doeddan ni ddim wedi bod yma'n hir cyn iddo fo ddechra mynd yn sâl.'

'O, mae'n ddrwg 'da fi. Beth ... beth oedd yn bod arno fe?'

Atebodd Lois ddim am funud. Yna meddai'n dawel, bron mewn sibrwd: 'Alzheimer'. Yn rhyfedd ddigon, ychydig iawn oedd hi wedi sôn am glefyd ei thad wrth neb erioed. Heb frawd na chwaer, a'i mam wedi marw ers pan oedd hi'n blentyn, doedd ganddi hi neb agos i rannu'r gofid efo hi. Roedd ei ffrindiau'n brysur bob amser efo'u pethau eu hunain a Carl wedi ei gadael, felly dysgodd yn fuan gadw ei theimladau iddi hi'i hun.

Heno, efo Aled yn eistedd wrth ei hochor, mor barod i wrando ac yn ei chymell i siarad, dywedodd fwy mewn dwyawr nag oedd hi wedi'i ddweud mewn oes. O'r diwedd, daeth y cyfan y bu'n ei gadw i mewn cyhyd allan: yr holl boen o wylio rhywun roedd hi'n ei garu yn araf ddiflannu o flaen ei llygaid; o'i weld o'n newid ac yn newid, nes nad oedd dim ohono ar ôl.

'Wel, dyna chi'n gwbod fy hanas i i gyd rŵan,' meddai wrtho ar y diwedd. 'Do'n i erioed wedi deud hynna wrth neb o'r blaen.'

Ddywedodd Aled ddim byd – dim ond gwasgu ei llaw yn gynnes ac edrych arni'n llawn cydymdeimlad. Yna cododd i wneud panad arall, ac ar ôl iddyn nhw yfed honno mynnodd ei danfon hi'n ôl.

'O'n i jest yn meddwl,' meddai wrth ymyl gât ei thŷ, 'tybed fyddech chi'n hoffi dod am dro 'da fi ar y gamlas rhyw ddiwrnod os na fydd y siop yn galw, a jest cael diwrnod diog ar y cwch.'

'Dydy'r siop ddim yn broblem. Mi fedra i ddŵad unrhyw adag.'

'Fory 'te?

'Ia; fory. Mi fydda i'n edrach ymlaen. A diolch – am bob dim.'

Noson o drin briwiau; dyna fu hi, meddyliodd Lois wrth fynd i'r gwely. Roedd yr holl siarad 'na fel pe bai o wedi llnau'n lân y briwiau yn ei meddwl, a chwmni Aled wedi'i daenu wedyn fel rhyw eli iachusol arnyn nhw i gyd. Ond er ei bod yn teimlo'n well, roedd arni hi ofn hefyd. Ofn y byddai ei chyfeillgarwch ag Aled yn creu briwiau newydd yn y pen draw. Gwyddai erbyn hyn fod ganddo rywun o'r enw Alaw yn ei fywyd. Gwyddai hefyd ei bod hi'n teimlo gormod amdano fo – o lawer iawn, iawn.

Wel, roedd hi wedi trefnu ei weld o drannoeth a doedd dim amdani ond mynd a gwneud y gorau o'r diwrnod. Efallai y byddai pris uchel i'w dalu maes o law am un diwrnod o hapusrwydd, ond byddai'n ddigon buan iddi setlo hynny pan gâi hi'r bil.

Roedd Aled yn disgwyl amdani pan gyrhaeddodd hi'r cwch yn y bore, a neidiodd Shwn arni'n llawn croeso a sŵn. 'Iawn 'te, fe gychwynnwn ni,' meddai Aled gan ryddhau'r rhaff. 'Rwy'n cymryd eich bod chi wedi hen arfer â gyrru cwch ar y gamlas, Lois?'

'O diar, naddo. Mae gin i gwilydd deud mai ychydig

iawn ydw i wedi bod *ar* y gamlas erioed, dim ond beicio wrth 'i hochor hi.'

'O wel, fe roia i wers ichi 'te!' atebodd yntau. Gwelodd yn fuan ei bod hi'n ddisgybl parod wrth iddo afael yn ei llaw i'w dysgu sut i lywio ac, erbyn y pnawn, roedd hi'n cael hwyl ar gamu oddi ar y cwch a thaflu ei phwysau yn erbyn gatiau'r loc.

Os oedd y noson cynt wedi bod yn ddwys, roedd y diwrnod hwn yn ysgafn: diwrnod o hwyl a chwerthin, ymlacio a mwynhau. Tua chanol y pnawn, penderfynodd Aled ddiffodd yr injan a chlymu'r cwch wrth y lan er mwyn iddyn nhw gael seibiant am ychydig. Roedd hi mor fendigedig o dawel yno: dim i'w glywed ar wahân i gân ambell dderyn a sŵn llepian diog y dŵr.

Yna'n sydyn, dyna sblash! Roedd Shwn wedi gweld hwyaden wyllt ac wedi neidio i'r dŵr ar ei hôl hi! 'O na!' gwaeddodd Aled. 'All e byth neidio 'nôl i'r lan 'i hunan! Shwn, y twpsyn, dere 'ma!' Neidiodd oddi ar y cwch a phlygodd dros ymyl y gamlas i geisio codi'r ci, efo Lois yn rhuthro ar ei ôl i drio'i helpu. A rhyngddynt, rhywsut, fe fedron nhw godi Shwn druan o'r dŵr – er mai'r unig ddiolch a gawson nhw oedd eu trochi wrth iddo fo ysgwyd ei hun yn iawn! 'O! Diolch, Shwn! Nawr ma' Lois a finne'n wlyb diferyd hefyd!' meddai Aled, ond roedd Lois yn chwerthin gormod i ddweud nac i wneud dim byd.

Wrth iddo fo'i helpu hi i godi y digwyddodd o. Tyn-nodd Aled hi ato a chusanodd hi'n araf, dyner. Doedd ar Lois ddim eisiau i'r gusan byth ddod i ben. Swatiodd yn ei freichiau gan deimlo'n glyd ac yn hapus; yn ddiogel o'r diwedd rhag holl bryderon y byd.

Er bod Aled wedi paratoi prydyn bach digon blasus iddyn

Lois roedd y bai. Roedd Aled wedi trio codi'r pwnc sawl gwaith ond, bob tro, roedd hi wedi llywio'r sgwrs i gyfeiriad arall. Sylwodd Aled ar hynny a'i dderbyn, gan synhwyro mai dyna oedd ei dymuniad hi.

'Be, dwyt ti *byth* wedi'i holi o am Alaw?' meddai Elen pan welodd hi wedyn. 'Ma'n *rhaid* dy fod ti wedi cal cyfla erbyn hyn.'

'Do, mi ydw i,' cyfaddefodd Lois. 'Y fi sydd ofn gofyn. Ofn clwad be sy gynno fo i'w ddeud. Bob tro y bydda i'n mynd draw i'r cwch, mi fydda i'n meddwl: "Iawn, mi ofynna i iddo fo heddiw!" Ond unwaith y bydda i yna, mi fydda i mor falch o'i weld o, mor hapus yn 'i gwmni o, nes y bydda i'n cal fy nhemtio i fwynhau'r tro hwnnw a gadal y peth tan y tro wedyn. Wt ti'n dallt?'

'Dwi'n dallt dy fod ti mewn peryg mawr o gal dy frifo. Yli, bydd yn ddewr a gofyn iddo fo yn lle byw mewn paradwys ffŵl.'

Roedd yn ddigon hawdd i Elen ddweud hynna, meddyliodd Lois. Nid y hi fyddai'n gorfod byw yn y gwacter wedyn ar ôl iddo fo ddweud bod ganddo fo gariad, ac nad oedd o erioed wedi bwriadu i bethau fynd mor bell efo hi. Eto, Elen oedd yn iawn, ac roedd yn hen bryd iddi gymryd ei chyngor. Byw mewn paradwys ffŵl yr oedd hi, a fedrai hi ddim dal i dwyllo'i hun am byth.

Y pnawn hwnnw, felly, caeodd y siop yn gynnar, a thoc wedi dau cychwynnodd am y gamlas. Roedd ganddi gur yn ei phen ac roedd ei chalon yn dyrnu – ond roedd hi wedi penderfynu: y tro hwn, fyddai 'na ddim troi'n ôl! Fel roedd hi'n cyrraedd y cwch, daeth Shwn i'w chyfarfod efo'i groeso gwyllt arferol.

'Haia Shwn,' meddai, gan ddod oddi ar ei beic a rhoi

mwythau iddo fo. 'Ble mae Aled 'ta? Ble mae o? Dim ond
y chdi sy 'ma?'

Ysgydwodd Shwn ei gynffon mewn ateb wrth i Lois
edrych o'i chwmpas. Peth rhyfedd, meddyliodd, doedd 'na
ddim golwg o Aled yn unman! Sbeciodd drwy ffenestri'r
cwch a gwelodd ei fod yn hollol wag. Yna, aeth i drio'r
drws ac yn sydyn saethodd ias o fraw drwyddi. Yno, wedi
ei gosod efo pin bawd, roedd amlen wen ac un enw wedi'i
sgrifennu arni. 'Alaw'.

Pwysodd Lois yn erbyn y drws i geisio cael ei gwynt ati
am funud. Yna edrychodd ar yr amlen eto – a theimlodd ei
hun yn mynd yn sâl. Yr oedd un rhan ohoni eisiau dianc
cyn gynted ag y medrai hi, cyn i Alaw gyrraedd ac i Aled
ddod yn ôl. Ond roedd rhan arall ohoni'n gyndyn o adael
heb gael gwybod chwaneg.

Edrychodd yn ofalus o'i chwmpas. Gallai weld sbel i
fyny'r lôn yn y ddau gyfeiriad, ond doedd yna ddim hanes
o neb. Edrychodd ar yr amlen eto. Roedd yn wir nad oedd
ganddi hawl i'w hagor hi – ond roedd y demtasiwn yn
ormod. Tynnodd hi oddi ar y drws a gwelodd nad oedd
Aled wedi'i selio hi, dim ond rhoi'r fflap i mewn yn y
gwaelod. Fyddai neb ddim callach pe bai hi'n darllen y
llythyr, ac yna'n ei roi yn ôl.

Gyda bysedd crynedig, agorodd yr amlen. Tynnodd y
llythyr allan a darllenodd: 'Alaw – 'Na sypreis neis oedd
cael dy gerdyn di y bore 'ma a deall dy fod yn dod draw i
aros am ychydig ddyddiau. Grêt! Ond rwyt ti'n fy nabod
i'n ddigon da i wybod fy mod wedi cael ychydig o banig
hefyd gan nad oes gen i'r nesaf peth i ddim o fwyd ar y
cwch! Felly rwyf wedi mynd draw i'r dref agosaf i brynu
llond trol o fwyd (o wybod faint rwyt ti'n ei fwyta!) ac
mae'n siŵr y byddi wedi cyrraedd cyn i mi ddod 'nôl. Ta

beth, fe wyddost ti lle mae'r allwedd, felly cer i mewn a gwna dy hun yn gartrefol. Rwy'n edrych ymlaen am dy weld ti. Mae 'da fi lawer i'w ddweud wrthot ti. Cariad mawr. Ffwff XXX O.N. O'n i'n falch bo ti'n hoffi'r llyfr.'

Plygodd Lois y llythyr yn ofalus a'i roi yn ôl yr amlen a gosod honno efo'r pin bawd yn yr un lle'n union ar y drws. Y peth pwysig rŵan oedd mynd yn ôl adref cyn gynted ag y medrai hi cyn iddi ddod wyneb yn wyneb â'r un ohonyn nhw. Yno, ym mhreifatrwydd ei bwthyn, câi feddwl dros gynnwys y llythyr yn fwy manwl a wylo'i dagrau heb i neb ei gweld ...

Ond prin roedd hi wedi cychwyn na welodd hi rywun yn cerdded i'w chyfarfod yn y pellter. Oerodd drwyddi o weld mai merch ifanc oedd hi efo gwallt hir, du. Alaw, siŵr o fod! Fedrai Lois ddim meddwl am ei hwynebu hi ac, mewn panig sydyn, llithrodd oddi ar ei beic a phowliodd ef i ganol y tyfiant ar ymyl y gamlas. Camodd hithau i ganol y gwyrddni efo fo a llechu yno i aros iddi hi fynd heibio, yn gryndod i gyd.

'Dwi'n ddeugain oed,' meddyliodd, wrth guddio yno. Pan oedd hi'n iau, doedd hi erioed wedi dychmygu y gallai dynes ddeugain oed ymddwyn fel hyn! Roedd hi'n siŵr o fod yn mynd yn rhyfeddach, yn hytrach na challach, wrth fynd yn hŷn.

Daeth y ferch heibio. O'i chuddfan yn y dail, gallai Lois ei gweld hi'n glir. Sylwodd ar unwaith mor ofnadwy o hardd yr oedd hi, ac mor feiddgar yr oedd hi wedi gwisgo. Gallai ei gweld hi efo Aled: roedden nhw'n siwtio ei gilydd rywsut. A pheth arall, meddyliodd Lois: nid yn unig oedd y ferch yma'n fwy deniadol na hi; roedd hi hefyd yn iau na hi, o lawer iawn.

❧

137

Ffŵl! Pan edrychodd Lois arni'i hun yn y drych y noson honno dyna'r un gair a ddaeth i'w meddwl. Ac wrth sylwi ar y rhychau rhwng ei thrwyn a'i cheg a'r llinellau o gwmpas ei llygaid, cofiodd y dywediad nad oes 'na'r un ffŵl gwaeth na *hen* ffŵl!

Lluchiodd ei hun ar y gwely ac ymroi eto i grio. Roedd hi wedi crio llawer ers iddi gyrraedd yn ôl yn y tŷ. Crio am fod ei haf bach Mihangel drosodd, a dim ond y gaeaf o'i blaen.

On'd oedd hi wedi bod yn wirion? Roedd hi'n gwybod yn iawn o'r eiliad y gwelodd hi'r sgrifen yn y llyfr bod gan Aled rywun arall yn rhannu ei fywyd. Ar adegau, roedd hi wedi hanner llwyddo i berswadio'i hun y gallai Alaw fod yn ddim ond ffrind iddo fo. Droeon eraill, pan oedd hi'n methu llawn gredu hynny, bu'n meiddio gobeithio y byddai Aled yn ei dewis hi, Lois, yn y pen draw. Wedi'r cyfan, roedden nhw'n dod ymlaen yn arbennig o dda efo'i gilydd; yn cael cymaint o hwyl ac yn ymddiddori yn yr un pethau. Efallai, gobeithiai, nad oedd ei berthynas o efo Alaw cystal â'i berthynas o efo hi. Ond ers iddi weld Alaw, fedrai hi ddim twyllo ei hun ddim rhagor. Gwyddai na fedrai byth obeithio cystadlu yn erbyn rhywun fel hi.

Canodd cloch y drws. Fferrodd Lois drwyddi. Doedd arni ddim eisiau gweld neb ac, yn sicr, doedd arni ddim eisiau i neb ei gweld hi â'i hwyneb yn ôl crio i gyd. Canodd y gloch eilwaith. Yna clywodd lais yn gweiddi 'Lois!' Llais yr unig un y byddai'n fodlon agor y drws iddi ar amser fel hyn: Elen.

Dychrynodd Elen ei gweld. 'O Lois bach, be sy'n bod? Be sy wedi digwydd?' gofynnodd. 'Mi wt ti'n edrach yn ofnadwy!'

'Chdi oedd yn iawn trwy'r adag, Elen,' mwmbliodd Lois drwy'i dagrau. 'Do'n i'n ddim byd iddo fo ond tamad i aros pryd!' Ac adroddodd ei hanes yn mynd draw i'r cwch i gael gair efo fo yn y pnawn. 'Doedd o ddim yn disgwl i mi alw y pnawn 'ma, ti'n gweld,' eglurodd. 'Heno 'ma oeddan ni wedi trefnu cyfarfod. O meddylia! Be taswn i wedi mynd draw yna heno ar ôl swpar yn ama dim byd a hitha yna? Dwn i ddim be faswn i wedi'i neud!'

'Hy! 'I le fo fydda poeni be i'w neud, ddudwn i! Mi fydda gynno fo dipyn o waith egluro i'r ddwy ohonach chi yn bydda? Ond go brin 'i fod o wedi bod yn ista'n 'i gwch yn aros i ti gyrradd! Mi fetia i unrhyw beth i ti 'i fod o wedi mynd â hi allan i rwla a bod 'na amlen fach wen arall wedi'i phinio ar y drws efo dy enw di arni hi y tro yma, a llythyr y tu mewn yn llawn o ryw glwydda 'i fod o wedi gorfod mynd allan ar frys.'

Cododd Elen. 'Lois, ma'n ddrwg gin i ond ma'n rhaid i mi fynd rŵan,' meddai. 'Jest piciad yma ar y ffordd i weld Noel o'n i i weld oedd gin ti ryw newydd am Aled. Mi faswn i'n aros ond mae Noel yn mynd i ffwrdd efo'i waith am bum dwrnod fory, felly mae'n well i mi fynd i'w weld o heno. Ond mae gin i rwbath i'w gynnig. Pam na ddoi di acw ata i fory ac aros tra bydd Noel i ffwrdd? Mi fasan ni'n dwy'n gwmni i'n gilydd.'

'O, mae hynna'n swnio'n syniad da i mi!' atebodd Lois. 'Mi ddo i draw bora fory – ar ôl brecwast – os ydy hynny'n iawn.'

Ychydig iawn gysgodd hi y noson honno ond roedd gwybod y câi ddianc o olwg y gamlas yn y bore yn ddigon i'w chynnal drwy'r nos. Cododd am wyth ac aeth ati i molchi a gwisgo a phacio. Yna, cyn gadael y tŷ, aeth at y ffenest i edrych unwaith eto ar y llwybr a redai ger y gamlas, a chofiodd yn hiraethus yr holl droeon y bu'n mynd ar ei hyd i gyfarfod ag Aled, yn hapus fel y gog. Ar fin troi draw yr oedd hi pan ddaeth dau o bobol i'r golwg yn y pellter. Arhosodd, ar bigau'r drain, iddyn nhw ddod yn nes. O'r diwedd, gallodd eu gweld yn glir. Ie, Aled oedd un, a'r ferch a welodd hi y diwrnod cynt oedd y llall: Alaw. Safodd yno am eiliadau hir yn edrych arnyn nhw. Yna'n sydyn cipiodd ei bag, rhedodd allan o'r tŷ a neidiodd i'w char, a gyrru fel cath i gythraul am gartref Elen i lawr yr allt.

Trwy gydol yr amser y bu'n aros yno, fedrai hi ddim cael y llun o Aled ac Alaw yn cerdded ochr yn ochr ar hyd y llwybr ger y gamlas o'i meddwl. 'Mi ddylat ti fod wedi'u gweld nhw, Elen,' meddai. 'Roeddan nhw'n edrach mor hapus efo'i gilydd, yn sgwrsio'n brysur ac yn chwerthin, ac roedd o'n edrach arni hi efo ryw olwg addolgar bron ar 'i wynab, fel tasa fo wedi dotio arni hi, ac roedd hitha yn edrach wedi gwirioni efo fo. Ffwff wir!' ychwanegodd wrth gofio'r enw anwes ar waelod ei lythyr.

Tra oedd hi'n aros yn nhŷ Elen, teimlai Lois yn saff. Ond fel y daeth yn amser iddi fynd yn ôl adref, trodd ei hyder yn bryder. Nos Fercher teimlodd rhyw banig mawr yn gafael ynddi ac, i wneud pethau'n waeth, roedd Elen wedi mynd allan ar ryw neges a'i gadael ar ei phen ei hun.

O'r diwedd, clywodd sŵn ei char yn cyrraedd yn ôl a sŵn ei sodlau'n prysuro i'r tŷ. 'Lois!' galwodd, 'mae gin i rwbath i'w ddeud wrthat ti! Dwi newydd fod draw wrth y gamlas, a wyddost ti be? Mae cwch Aled wedi mynd! Mae o wedi gadal! 'Sdim rhaid i ti fod ofn mynd yn ôl.'

'Wedi mynd? O!' ochneidiodd Lois. 'O ... wel ... mae'n siŵr mai hynny sydd ora ... dan yr amgylchiada. Diolch i ti, Elen.'

Fe ddylai fod yn ddiolchgar ei fod o wedi mynd, meddyliodd wrth gyrraedd adref drannoeth. Roedd hi'n haws fel hyn. Gallai ailafael yn ei bywyd o dipyn i beth ac anghofio popeth amdano fo. Eto, am wag roedd pobman yn teimlo bellach. Y pentref a'r gamlas. Ei bwthyn a'i gardd. Roedd yn gas ganddi fod yn ôl.

Yr oedd tocyn bychan o lythyrau yn ei haros hi ar y mat. Edrychodd arnyn nhw'n ddiamynedd. Biliau oedden nhw bron i gyd. Ond yno, yng nghanol y pentwr, roedd amlen wen ac un enw wedi'i sgrifennu arni: 'Lois'. Teimlodd ias fach o ofn yn gwau ei hun drwyddi. Roedd hi'n nabod y sgrifen ac yn nabod yr inc.

Gyda bysedd crynedig, agorodd yr amlen. Tynnodd y llythyr allan a darllenodd: 'Lois – Rwy wedi galw draw i dy weld sawl gwaith heddiw ond doeddet ti ddim i mewn yr un tro. A dweud y gwir, roeddwn i'n dechrau poeni amdanat ti gan na wnest ti ddim dod draw i'r cwch neithiwr fel roedden ni wedi trefnu, chwaith. Roeddwn i hyd yn oed yn meddwl cysylltu â'r heddlu ond fe ges i well syniad: holi amdanat ti yn siop y pentref a chael gwybod dy fod wedi ffonio i ganslo dy bapurau newydd gan dy fod wedi mynd i aros gyda ffrind. Roeddwn i'n falch o ddeall mai dyna oedd yr eglurhad – ac eto rhaid dweud fy mod yn methu â deall pam na fyddet ti wedi sôn am hynny wrtho i. Ti'n gweld Lois, roeddwn i'n credu fy mod i'n golygu rhywbeth i ti ac, yn sicr, rwyt ti wedi dod i olygu llawer iawn i mi!

'Rwyf innau'n mynd i grwydro am weddill yr wythnos. Ddoe, yn annisgwyl iawn, fe ddaeth fy merch i'm gweld i. Sa i'n cael cyfle i'w gweld hi'n aml gan ei bod yn byw gyda'i mam ers i ni ysgaru dair blynedd yn ôl. Roeddwn wedi gobeithio y byddech chi'ch dwy'n cael cwrdd, ond 'na fe ... Ta beth, mae Alaw moyn gweld ychydig ar yr ardal, felly rŷn ni'n cychwyn ben bore am Gaersain ar hyd y gamlas. Fe fydda i'n ôl nos Wener ar ôl ei danfon hi at y trên.

'Roedden nhw'n dweud yn y siop y byddet ti'n ôl ddydd Iau, felly rwy'n bwriadu dy ffonio di nos Iau, am wyth o'r gloch. Beth bynnag oedd dy reswm di dros beidio â galw neithiwr a mynd heb ddweud gair, rwy'n credu 'mod i'n haeddu eglurhad. Aled.'

Ffŵl. Dyna beth oedd hi! Ffŵl gwirion, gwirion! I feddwl mai ei *ferch* o oedd Alaw, ar ôl hynna i gyd! Ei ferch o! Ei ferch o! Dim ei gariad o! Dyna'r newydd gorau roedd hi wedi ei gael erioed! Ac os oedd hi'n ffŵl – ia, yn *hen* ffŵl – o leiaf roedd hi'n hapus. Oedd, roedd hi'n hen ffŵl hapus iawn, iawn!

Gallai glywed y nerfusrwydd yn llais Aled pan ffoniodd o am wyth y noson honno, a phrysurodd i'w sicrhau fod popeth yn iawn. 'Mae'n ddrwg iawn gin i am bob dim, Aled,' meddai, 'ac mi gei di eglurhad llawn pan wela i chdi. Mi fydd yn haws i mi egluro radag hynny na dros y ffôn. Tua faint o'r gloch fyddi di'n ôl nos fory? ... O, grêt. Liciat ti ddŵad draw am bryd o fwyd? ... O da iawn, ty'd draw yma erbyn saith o'r gloch.'

Fe wnaeth Lois fwynhau gosod y bwrdd ar gyfer y pryd y noson wedyn. Daeth â'r llestri gorau allan a'r gwydrau hardd yna a brynodd hi mewn siop hen bethau yn Y Gororau flwyddyn yn ôl. Ond ar ganol y bwrdd, un bob pen, gosododd ei dau ganhwyllbren newydd. Pryd o fwyd mewn golau cannwyll fyddai'r achlysur perffaith i ddweud wrth Aled ei bod hi'n ei garu o!

❦